Heidi Silbernagl / Helga Strätling-Tölle

Den Lebensweg zu Ende gehen

Für einen menschlichen Umgang mit Sterben, Tod und Trauer

Deutscher
Taschenbuch
Verlag

dtv

Originalausgabe
November 1995

Umschlaggestaltung: Boris Sokolow
Satz: Filmsatz Schröter, München
Druck und Bindung: C. H. Beck'sche Buchdruckerei, Nördlingen
Printed in Germany · ISBN 3-423-35099-7

Das Buch

Zwei existentielle Ereignisse im Leben des Menschen sind aus dem täglichen Leben verbannt in mehr oder weniger anonyme Institutionen: Geburt und Tod finden in der Regel nicht mehr zu Hause statt. Und es ist bezeichnend, wie mit der Zeit dazwischen umgegangen wird: als sei Leben nicht gleichbedeutend mit Altern und Altern nicht ein natürlicher Prozeß, der nun einmal »unheilbar« zum Tode führt. Wie ist ein Miterleben möglich, das nicht von Gefühlen der Kapitulation vor dem Tod bestimmt ist, gar von einem »Wettlauf mit der Zeit«, bei dem es Sieger und Besiegte gibt? Die Überlegungen der beiden Autorinnen zu einem menschlichen Umgang mit Sterben, Tod und Trauer entsprechen einem wachsenden Bedürfnis, dem allgegenwärtigen Tod seinen Schrecken, seine Unerhörtheit zu nehmen und auch den schon Sterbenden ein Leben in Würde zu gewähren – bis zuletzt.

Die Autorinnen

Heidi Silbernagl, Jahrgang 1939, studierte Germanistik und Medizin in München. Nach der Promotion mehrjährige Tätigkeit als Klinikärztin, dann als Hausärztin. Berufliche Neuorientierung in der Hospizbewegung, seit kurzem wieder als Ärztin in eigener, psychotherapeutisch ausgerichteter Praxis.
Helga Strätling-Tölle, Jahrgang 1927, ist Psychotherapeutin in eigener Praxis. Verschiedene Publikationen, für die sie u.a. 1956 den 1. Deutschen Jugendbuchpreis erhielt.
Beide Autorinnen arbeiten im Hospizverein Würzburg e.V. in der Ausbildung und Supervision sowie in der Sterbebegleitung; sie sind Mitbegründerinnen des »Würzburger Modells«.

Inhalt

Vorwort

Wohl zum ersten Mal in der Kulturgeschichte sind in unserer Gesellschaft zwei existentielle Ereignisse im Leben des Menschen aus der vertrauten Umgebung herausgenommen und in mehr oder minder anonyme Institutionen verlagert worden: Geburt und Tod werden in den meisten Fällen nicht mehr zu Hause erlebt. Es ist bezeichnend, daß der Wunsch nach Wandel laut wird. Während die »sanfte« Geburt von vielen gewünscht und auch praktiziert wird, sieht es mit einem »sanfteren« Sterben anders aus.

Menschen in den mittleren Lebensjahren sind bei uns häufig noch nie mit dem Tod als Realität in Berührung gekommen. Dabei ist er allgegenwärtig – jedoch meist so entstellt und verzerrt, so fern und als Sterbevorgang so im Verborgenen, daß kaum eine Erfahrung und Begegnung mit ihm möglich ist. Daß wir dem Thema Tod und Trauer nicht auf die Dauer ausweichen können, wissen wir. Wir haben Angst zu versagen, wenn Eltern, Freunde und Kollegen sterben. Wir haben Angst vor der Ungewißheit des eigenen Todes ...

Es ist das Anliegen dieses Buches, deutlich zu machen, daß es keine »Gebrauchsanweisungen« gibt, mit denen sich die Probleme, die heute mit Krankheit, Alter und Abschied verbunden sind, punktuell lösen lassen. Jedoch können und müssen humanere Haltungen und Verhaltensweisen entwickelt und eingeübt werden. Wenn ein vertieftes Nachdenken und auch ein Umdenken beginnt, kann das eigene Leben und das der Mitmenschen als Prozeß unterschiedlichen Wachsens, Reifens und Vergehens verstanden und angenommen werden. Der Tod ist nicht nur eine persönliche Katastrophe, sondern auch ein natürlicher, unabwendbarer Prozeß des Lebens selbst.

Was wir – die Autorinnen – in dieses Buch einbringen, sind unsere persönlichen und beruflichen Erfahrungen, unsere Gedanken über Leben und Sterben, Tod und Trauer. Wir erzählen von Menschen, von denen wir lernten und die wir begleiten durften, von unseren Erlebnissen und Eindrücken in der Hospizarbeit.

Dieses Buch ist allen gewidmet, die das Leben lieben und Sterben als Zeit des Lebens akzeptieren möchten. Wir wenden uns auch an diejenigen, die in besonderer Weise begabt und verantwortlich sind, Verständnis, Begleitung und Unterstützung anzubieten, Menschen aus medizinischen und pflegerischen, aus psychologischen, pädagogischen und seelsorgerischen Berufen.

Die Annahme des Lebens in seiner Fülle und Begrenztheit möge uns stärken, auch angesichts einer ungewissen Zukunft, zuversichtlich den Lebensweg zu Ende zu gehen.

Heidi Silbernagel
Helga Strätling-Tölle

Sommer 1995

Das Spiel ist aus

Der Tod, Bezugs- und Endpunkt menschlichen Lebens

Es ist eine frühe Erfahrung für ein Kind, daß es Zeit gibt. Und daß Zeit vergeht.

Gerade weil ein Kind so sehr im Augenblicklichen zu Hause ist, fast eins mit dem Hier und Jetzt, erlebt es das Vorbei so erschreckend, so störend, so gewaltsam.

Das Spiel ist aus?

Das darf nicht wahr sein!

Das Spiel ist aus!

Ich nehme das Kind an die Hand. Wir schauen den fliehenden Wolken nach. Und während die Sonne versinkt, steigt die Dämmerung herauf. Es wird Nacht.

Das Spiel ist aus.

Das Kind will wissen, ob Sterne am Himmel erscheinen werden.

Später vielleicht...

Es ist eine uralte Weisheit und eine menschliche Erfahrung zugleich, daß Leben und Sterben zusammengehören wie die beiden Seiten einer Münze. Daß man das eine ohne das andere nicht haben kann.

Die Natur, das organische Leben, ist lebendig in dem Sinne, daß es in einen ständigen Prozeß der Veränderung eingebunden ist: Ein Blick aus meinem Fenster, wenn die Blätter fallen, wenn Gras und Blumen welken – ich weiß aus Erfahrung, Neues wird keimen, das Vergehen ist nicht das Ende, Weiterentwicklung ist möglich. All dies wird geschehen, wenn die Zeit reif ist.

Ich erinnere mich, sechsjährig, an meine Großmutter,

wir saßen abends am Herd. Zum ersten Mal nahm ich ihre welken Hände wahr. »Du bist alt«, sagte ich, »warum?« – »Alle Menschen altern, und alle sterben.«

Ich fragte nicht, wann. Ich fragte, warum? Sie sah mich eine Weile an. »Das ist eine kluge Frage. Aber das weiß ich nicht. Es war immer so ...«

Kinder stellen uns viele Fragen, auf die wir nicht immer eine Antwort wissen. Über viele Fragen muß man ein Leben lang nachdenken. Zu bestimmten Zeiten tauchen sie erneut auf, obwohl wir glaubten, die Antworten längst gefunden zu haben. Warum ist das so? Warum Leben? Und warum Tod?

Wenn ich Menschen frage, ob sie in die kommenden Jahrhunderte hinein weiterleben möchten, schauen sie mich ratlos an. Ja, hundert möchten sie vielleicht werden, wenn, ja wenn sie halbwegs gesund blieben – aber zweihundert oder dreihundert Jahre? Sie lächeln, winken ab. Lieber nicht.

Würde es Sinn machen, unsere Existenz ins Unendliche auszudehnen, wenn es denn möglich wäre?

Viel Zeit vergeht allein schon, bis wir erwachsen sind. Wir brauchen viel länger als die Tiere, bis wir uns entwickelt und entfaltet haben. Und immer wieder spüren wir und machen wir die Erfahrung, daß wir nicht fertig und längst nicht an unserem Ziel angelangt sind. Wir bleiben Wanderer unterwegs auf einen Horizont zu, von dem wir nicht wissen, was hinter ihm liegt.

Staunend bemerken wir das Leben um uns herum: die Steine und die Sterne, Bäume und Blumen, Tiere in Hülle und Fülle. Wo ist unser Platz? Ist es ein Privileg, ein Mensch zu sein, ein Individuum? Sagen zu dürfen: Ich bin! Ich lebe! Ich schwinge! Ich werde vergehen, sterben, irgendwann. Vieler Impulse, vieler Anreize bedarf es, bis sich die Individualität gebildet hat.

Und dann soll sie verschwinden, die Einmaligkeit und Besonderheit, dann soll es heißen Abschiednehmen für immer? Abschied! Noch bevor wir das begreifen können, vollzieht es sich. Entwicklung ist Schreiten von Stufe zu Stufe, und immer wenn Neues sich auftut, wird Altes zurückgelassen.

In jungen Jahren werden wir nicht gefragt, ob uns das paßt. Es geschieht einfach. Wir verlassen die schützende Hülle des Mutterleibes; dann folgen die Stationen der Kindheit... Es zieht uns fort, und wir stürmen ins Leben, ahnen, daß es wunderbar ist und gleichzeitig gefahrvoll, ein Mensch zu sein. Das erste große Erleben der Liebe: ein Hochgefühl, Sehnsucht und Wunsch, die Welt zu umarmen, sie auf die Schultern zu nehmen, sie singend zur Sonne zu tragen. Ein tiefes Gewahrwerden: Ich bin! Und ich bin geliebt, weil ich lebe. Leben und Liebe werden als Einheit erfahren.

Und doch kann es geschehen, und es geschieht: Es ist zu Ende, das Spiel ist aus. Kühl weht durch den Abschiedsschmerz das Ahnen von Vergänglichkeit und Tod. Schwer ist es, den Abschied zu verkraften, die Spannung zu ertragen. Dazugehörigkeit und Einmaligkeit sind wie die beiden Seiten derselben Münze: Leben und Lieben ist Halten und Lassen. Am Ende eines jeden Lebens kommt das Altern. Es ist nicht einfach eine »Verschleißerscheinung«, es geschieht vorprogrammiert, unaufhaltsam auf den Tod zu. Wir wissen, daß wir sterben werden, es ist eine tragische Notwendigkeit. Der Tod – eine Erfindung des Lebens? Kann man möglicherweise leichter, unbeschwerter leben, wenn man den Tod als Bezugs- und Endpunkt menschlichen Lebens mit einbezieht, ihn nicht übersieht?

Daß wir den Tod fürchten, ist nicht verwunderlich. Wir sind so sehr auf Gewißheit angelegt, sie mildert unsere Angst.

Der Tod dagegen ist voller Rätsel, voller Geheimnisse, voll Zauber, voll Schreck.

Kann man lernen, mit dem Tod umzugehen? Wie erging es dabei den Menschen vergangener Jahrzehnte und Jahrhunderte? War es für sie leichter als für uns Heutige?

Sicher ist, daß Tod und Sterben nicht verdrängt wurden, in der Regel nicht zu verdrängen waren, sie gehörten zum Leben. Der Tod war allgegenwärtig, er tanzte gleichsam vor aller Augen durchs Leben. Das Wohnzimmer war auch das Sterbezimmer. Geburt und Tod, Ankunft und Abschied, Freude und Elend waren öffentliche Ereignisse – es gab kaum eine Möglichkeit, sie zu verbergen.

Der christliche Glaube hielt die Gewißheit der Auferstehung als Trost bereit und verkündete das Leben nach dem Tod, das die Guten belohnt und die Bösen bestraft. Krankheit und Leid wurden auf den Tod hin gedeutet: Memento mori! Denk an den Tod! Bedenke, du wirst Staub! Die Kunst des Sterbens war ein Teil der Lebensphilosophie, zielte auf Annahme: »Es ist bestimmt nach Gottes Rat, daß man vom Liebsten, das man hat, muß scheiden...«

Wir Heutigen suchen – aufgescheucht trotz vieler medizinischer und technischer Erkenntnisse und Möglichkeiten – nach einem humanen, menschenwürdigen Leben und Sterben. Wie der Tod, dem Leben zugehörig, angeschaut, angenommen werden könnte als das, was er war und ist: Bezugs- und Endpunkt.

Ein Sommermorgen am Strand: Ein junger Mensch schwimmt ans Ufer, steigt aus dem Wasser, er steht da und schaut mich an, überschäumend von Kraft, Gesundheit, Lebenslust. Wassertropfen hängen in seinem Haar wie silberne Perlen, und er lacht und lacht. Für einen Augenblick tauche ich ein in dieses Lachen, in diese Lust am Dasein. Ich fühle mit ihm, was Leben ist.

Am Abend besuche ich meine sterbende Nachbarin. Ein

paar Minuten bin ich mit ihr allein. Endlich ist sie ohne Schmerzen, aber die Sprache hat sie verloren. Sie schaut mich an, nur noch Haut und Knochen, ihre Hände liegen welk und still auf der Bettdecke. Sie nickt, und mir scheint, sie lächelt mir zu. Wir wissen beide: Das Spiel ist aus.

Des Menschen Engel ist die Zeit...

Gedanken zur Zeit, Endlichkeit, Unendlichkeit, Ewigkeit

»Des Menschen Engel ist die Zeit...« Als dieser Satz in Schillers Drama »Wallensteins Tod« fällt, ist der abtrünnige Feldherr eben von einem übereifrigen Kaisergetreuen ermordet worden – der Mensch selbst hatte dem Engel »Zeit« die Flügel beschnitten. Der himmlische Bote ist janusköpfig, verkündet Geburt und Tod – Anfang und Ende von Zeit.

Was ist Zeit? »Wenn mich niemand danach fragt, weiß ich es; will ich es einem Fragenden erklären, weiß ich es nicht«, hat sich schon Augustinus von dem Rätsel Zeit verwirren lassen. Sie läßt sich zwar messen, aber ihr Eigentliches geben Maßeinheiten nicht wieder. Sie ist abstrakt und doch mit den Sinnen erfaßbar: im Wandern des Schattens auf der Sonnenuhr, im Tropfen eines schmelzenden Eiszapfens, im Welken eines Blatts. Auch wenn wir ständig sagen: »Keine Zeit!«, gebrauchen wir den Zeitbegriff doch ganz selbstverständlich und ohne nachzudenken wie die Luft zum Atmen.

Oder verbraucht Zeit sich selbst wie eine Kerze, die sich im eigenen Feuer verzehrt? Das griechische Wort für Zeit leitet sich von Kronos, einem der Titanen, ab, von dem der Mythos sagt, er habe alle seine Kinder verschlungen – verschlingt Zeit sich selbst? Es heißt, »unser Leben gleicht einem Stundenglas«, aus dem die Zeit verrinnt, »unsere Tage sind gezählt«, »die letzte Stunde schlägt« oder die Zeit ist ein »unerbittlicher Begleiter« – das zeigt, daß wir sehr genau um die Endlichkeit unserer Zeit wissen. Und dennoch geraten wir in Panik, wenn die eigene Lebenszeit plötzlich absehbar befristet is. Dann stecken wir den Kopf in den Sand, so als seien wir nicht gemeint.

»Wir sind noch einmal davongekommen, aber wir haben kostbare Jahre verloren« – dieses Gefühl prägte in den Kriegs- und Nachkriegsjahren den Umgang mit der Zeit; sie galt es »einzuholen«. Wenn man von jemandem sagte, er sei flink, kapiere schnell, sei immer vorne dran, war das lobend gemeint. Schnell zu denken und zu reden, clever zu sein war als Kind notwendig, wenn man zu Wort kommen und gehört werden, wenn man mithalten wollte. Nur wer sich dem raschen Tempo der Erwachsenen anpaßte, hatte eine Chance; gewartet wurde ungern, Trödeln fand wenig Gegenliebe.

Überhaupt: Zeit nur für sich zu beanspruchen galt als unbescheiden, sich zu eilen war gewissermaßen moralischer Anspruch. Hing man Tagträumen nach und geriet in Bedrängnis, wo Zeit begrenzt war, oder schlug man auf dem Weg durchs Leben viele Umwege ein, verweilte man und ließ sich und anderen Zeit, hieß es, man habe wohl *zu viel* Zeit. Keine Zeit zu haben war – und ist noch heute – das, was Ansehen verleiht: Menschen, die nie Zeit haben, sind meist besonders gefragt.

Michael Endes bekanntes Buch »Momo« mit dem weisen Stundenmeister Hora und seiner bedächtigen Begleiterin Kassiopeia zog vor Jahren jung und alt in den Bann des Phänomens Zeit. »Zeit spahren? Aber für wehn?« stand groß und fehlerhaft in ungelenken Lettern auf einem Transparent, das die Kinder mit der kleinen Momo an der Spitze durch ihre Stadt trugen, in der Beunruhigendes geschah: Niemand hatte mehr Zeit für sie, niemand freute sich mehr mit ihnen oder machte Späße. Statt dessen forderten überall Schilder auf, schneller zu arbeiten, sich rascher zu vergnügen, schneller zu essen und schneller zu schlafen. Langsamkeit und mit ihr Sorgfalt, Gründlichkeit und langer Atem waren hier nicht mehr gefragt: »Zeit Ist (Wie) Geld – Darum Spare.« Mit dieser Parole vernebelten Zigarren paffende graue Herren den Menschen Herz und Verstand, und deren Gesichter wirkten plötzlich »müde, mißmutig und verbittert«.

Diesen Anspruch von Effektivität und Zeitersparnis kennen wir doch alle, können uns ihm nur schwer entziehen und müssen doch immer von neuem die schmerzliche Erfahrung machen, daß sich Leben nicht sparen läßt. Gerade Menschen, die nur Arbeit und nochmals Arbeit gekannt haben und sich »alles andere« für den Ruhestand aufsparen wollten, müssen oft gerade dann erleben, daß ihnen keine Zeit mehr bleibt: daß Krankheit von heute auf morgen ihr Leben bedroht, daß Angehörige oder Freunde plötzlich nicht mehr da sind... Sich in dem Wissen, daß wir sterben müssen, die Zeit für Mußestunden zu nehmen hieße wohl, klug zu sein.

Schon die menschliche Entwicklung braucht Zeit, einzelne Phasen lassen sich nicht überspringen: nicht die des Embryos zum reifen Neugeborenen, nicht die des an die Mutter gebundenen Kindes zum jungen Erwachsenen. Monate und Jahre werden für jede Stufe benötigt – kein Lebewesen hat eine so lange Reifungszeit wie der Mensch. Künstlich läßt sich dieser Prozeß kaum beschleunigen, auch wenn wir immer wieder versuchen, mit allerhand unterschiedlichen Tricks die Natur zu überlisten. Kindern, die alles schon früher können und wissen mußten als Gleichaltrige, ist es häufig anzumerken, daß sie ein Stück Kindheit versäumt haben, sie wirken altklug. Wer sehr früh selbständig werden mußte, sehnt sich unter Umständen ein Leben lang nach Anlehnung.

Für alles, was das Leben uns anbietet, reicht unsere Zeit nicht aus, wir müssen sie uns einteilen und Prioritäten setzen. Dabei heißt sich für eines zu entscheiden immer auch auf anderes zu verzichten – und nie können wir sicher sein, daß wir uns »richtig« entschieden haben: Es bleibt immer ein Wagnis. Aus der Angst, etwas zu versäumen oder zu verpassen, widmen wir uns häufig zu vielen Aktivitäten gleichzeitig, machen alles nur halbherzig und flüchtig. Hier setzt Michael Endes Botschaft an: Wo Hetze und Hast den Umgang der Menschen untereinander bestimmen, wird er frostig und lieblos; wo aber die Liebe fehlt, kann Leben sich nicht entfalten. Im Gegenteil, aus der »gesparten« wird »tote« Zeit: »Sie konnten keine richtigen Feste mehr feiern, weder fröhliche noch ernste. Träume galten bei ihnen fast als ein Verbrechen... Am allerwenigsten aber konnten sie die Stille ertragen. Denn in der Stille überfiel sie die Angst«, heißt es von den Menschen in »Momo«, die sich ihre Zeit rauben ließen.

Wo pausenlose Betriebsamkeit und ständiger Zeitdruck herrschen, werden Ruhepausen und Stille zu etwas Ungewohntem, das ängstigen kann. Betäuben wir uns deshalb sogar in unserer »freien« Zeit mit lärmender Hektik? Doch die alte Furcht vor der Dunkelheit, die kleine Kinder das Einschlafen fürchten läßt, wird spätestens dann als quälende Schlaflosigkeit wiederkehren, wenn uns Krankheit oder Alter ein Stillhalten aufzwingen – dann ist es vorbei mit der Ruhe.

Mit seiner Zeit »liebevoll« umgehen hieße verweilen, sich der Muße öffnen, sich besinnen – Quellen für Lebensenergie erschließen. Sie können ein starkes Gegengewicht zu der Flüchtigkeit von Zeit bilden, die uns beunruhigt – in der Stille vergeht die Zeit langsamer. Gebete, liturgische Gesänge, die monotone Wiederkehr von Litaneien sind solche Oasen der Stille. Betrachtung von Natur läßt uns still werden; Kunstwerke, sakrale Räume, eine Melodie können uns aus der Zeit entbinden.

Die Moschee von Cordoba: ein ganzer »Wald« von schlanken, aufstrebenden Säulen, wohin der Blick auch reicht, in scheinbar unendlicher Wiederholung; zwischen ihnen einzelne Sonnenstrahlen – nur deren Wandern im Raum kündet davon, daß die Zeit fortschreitet. Oder ein Mittag in Colmar: nach einem Besuch des Isenheimer Altars von Matthias Grünewald Aufenthalt in einem Gasthaus des verschlafenen Städtchens. In der mit dunklem Holz getäfelten Stube tanzten Staubkörner im Licht, das zum Fenster hereinfiel, dazu das leise Klappern der Stricknadeln, mit denen die Wirtin ganz in sich versunken hantierte, und das einschläfernde Ticken einer alten Wanduhr – auch hier hielt die Zeit den Atem an.

Der »siebente Tag der Woche« war dem Innehalten gewidmet – nur so konnte Gott erkennen, daß »es gut war«. Anhalten und Rückschau halten – dann geht Zeit nicht verloren, und unnötiger Ballast kann über Bord geworfen werden.

Die Zeit »leer« zu machen ist eine Voraussetzung für jeden Wandel zum Neuen, den uns das Leben noch bis zuletzt, bis zum Tod, abverlangt – Meditieren gründet darauf. Auf diese Weise kann man sich des ständigen Zeitdrucks entledigen, der so oft wirkliches Leben verhindert. Wenn dann eines Tages leisere Zeiten ins Haus stehen – Alter, Krankheit, Sterben, Trauer –, kann man sie vielleicht ein wenig gelassener hinnehmen.

Und doch: Es erscheint schwer, ja fast unmöglich, mit dem endgültigen Stillstand der Zeit einigermaßen angstfrei umzugehen.

Auch sogenannte »Sterbemeditationen« können nicht wirklich erfahrbar machen, wie es einmal sein wird. Wenn der Tod schon nahe ist, kann in der Lautlosigkeit der Nacht das Vertropfen der Zeit fast hörbar zur Marter werden.

»Werden Sie da sein können, wenn mein Mann einmal zu erschöpft sein wird, nachts neben mir wach zu bleiben?« fragt eine junge, unheilbar kranke Frau einige Wochen vor ihrem Tod. Zwar weicht ihr Mann nicht von ihrer Seite, doch sie braucht zusätzliche Sicherheit, so groß ist die Furcht vor dem, was kommen wird – jede Nacht kann schon die letzte sein. Eine andere Schwerkranke belastet es mehr, daß die Zeit nicht reichen könnte für all das, was sie noch sagen und bedenken möchte. »Das bißchen Zeit, das mir noch bleibt, ist viel zu schade zum Schlafen...« Sie spricht ganze Nächte hindurch ihr Vermächtnis an den Mann und die Kinder auf Tonband, zum Schreiben ist sie längst zu schwach.

Sich Menschen zuzuwenden, denen nur noch eine knapp bemessene Frist bleibt oder die um einen Verlust trauern, erfordert oft unseren ganzen Mut. Wir fürchten ihre Fragen, weil wir nur zu genau wissen, daß wir selbst keine Antworten darauf haben. Doch sie erwarten von uns keine Antworten, nur unseren Beistand. Die Frage, was Zeit ist, stellt sich für Sterbende nicht mehr – Zeit *war* Leben; nun setzt der Tod ihr ein Ende. Sterbende in dieser Bedrängnis nicht alleinzulassen und sie noch einmal wie einst das Kind »in den Schlaf zu wiegen«, bis die Nacht sie sanft einhüllt, ein Stück der eigenen Zeit denen zu schenken, deren Zeit abläuft – all dies ist ein notwendiger Liebesdienst am Nächsten, und er bleibt nicht einseitig: Man bekommt selbst viel zurück, denn Sterbende lehren uns, was Leben bis zu seinem Ende ist.

Dieser Dienst am Mitmenschen ist nicht in erster Linie eine Frage von viel oder wenig Zeit. Noch mehr als die Quantität spielt die Qualität eine Rolle: Kurze Zeiten aufmerksamen, konzentrierten Daseins und Hörens bewirken manchmal mehr als Stunden eines beziehungslosen Nebeneinanders. Eine Rund-um-die-Uhr-Betreuung, so notwendig sie oft ist, kann zur Qual werden, wenn sie unsensibel und ohne Rücksicht auf die eigentlichen Bedürfnisse des anderen »abgeleistet« wird.

Verläßlichkeit ist eine andere wichtige Erfahrung im Umgang mit Zeit; durch sie kann erst Vertrauen wachsen. Das Kind lernt, daß nach der Nacht der Tag, daß Zeit wiederkehrt und daß Phasen des Getrenntseins von der Mutter zu überstehen sind. Ein fester Tag, eine feste Zeit – daran läßt sich Halt finden. Menschen, die an den regelmäßigen Treffen des Hospiz-Trauerkreises teilnehmen, sagen immer wieder, wie wichtig es für sie ist, daß sich der Kreis noch einmal trifft, ehe Feiertage beginnen, und daß ein Folgetermin in Aussicht steht. Nur so können sie »Durststrecken« wie Weihnachten überstehen, Tage, an denen andere im Kreis ihrer Lieben feiern, während sie selbst den Verlust um so schmerzlicher spüren. Da ist es schon tröstlich zu wissen, daß »der nächste Montag kommt…«.

»Zeit heilt Wunden – wir haben das richtige Trostpflaster für sie«, verkündet ein Spruchband im Schaufenster einer Versicherung. Käuflicher Trost? – Schön wär's. Trauernde berichten von anderen Erfahrungen. »Die Zeit wird schon Gras drüber wachsen lassen«, mit diesem Spruch, der ihnen immer wieder als vermeintlich trostreich gesagt wird, fühlen sie sich eher alleingelassen und auf sich selbst zurückverwiesen. Denn Zeit, die verstreicht, ersetzt keinen Menschen. Trauernde brauchen ein Klima der Mitmenschlichkeit und Anteilnahme, das ihren Klagen und ihrem Hader mit »Gott und der Welt« Raum läßt. Tränen könnten den Boden für Neues fruchtbar machen, wenn sie nur geweint werden dürften. Aus Tränenlosigkeit entsteht allmählich eine Seelenwüste, so sagen es Betroffene selbst. Nein, die Zeit alleine ist noch kein Allheilmittel, im Gegenteil, lange verdrängte Trauer hat im Einzelfall tödliche Folgen.

So war es bei dem vierzigjährigen Horst R., der, als ich ihn zum ersten Mal sah, schon von einer tödlichen Tumorkrankheit gezeichnet war. Fünf Jahre sei es her, daß er seine Schwester und nahe Vertraute verloren habe, zu trauern habe er noch gar nicht richtig begonnen, geschweige denn das Schreckliche verkraftet. Auf einer Urlaubsreise sei sie tödlich verunglückt, nur mehr ihren Koffer habe das Flugzeug zurückgebracht – ich spüre, wie ihm jetzt noch der Schock in den Gliedern sitzt. Sein einsames Single-Leben war seitdem noch einsamer geworden. Der Krankheit wegen schon kurze Zeit darauf »gefeuert«, waren ihm auch die Arbeitskollegen bald keine Freunde mehr. Mit wem hätte er trauern können? Einer der wenigen wirklichen Freunde, aidskrank, legte sich selbst zum Sterben. Es wurde für beide ein Wettlauf mit dem Tod.

Für Trauer gibt es kein verbindliches Maß und keine verbindliche Zeit. »Wie lange willst du noch so weitermachen?« bekommt eine Mutter, die ihr Kind verloren hat, von den Arbeitskolleginnen immer wieder zu hören, »du hast doch nun genug getrauert, ein Jahr ist schon vergangen...« Ein Jahr – ist das viel Zeit? Ihr ist es, als sei es erst gestern gewesen, täglich zieht es sie zum Grab. Oder: »Wann endlich wirst du Vaters Sachen wegräumen?« wird eine Siebzigjährige von ihren Kindern immer wieder bedrängt. Seit dem plötzlichen Tod ihres Mannes vor etlichen Jahren liegen die Sachen auf seinem Schreibtisch noch unberührt, hängen seine Kleider im Schrank, als komme er bald von einer Reise zurück. Jedes Stück ist für sie mit Erinnerung verbunden, gerne würde sie mit jemandem darüber reden. Doch die Kinder schauen nach vorne, haben andere Probleme. »Das Leben muß doch weitergehen«, sagen sie und: »Für wen willst du die Sachen denn aufheben?« – »Für mich, für euch...«, denkt sie, doch sie sagt nichts.

»Stets ist der bestandene Tod ein Weg zu neuem Leben, der übertünchte Tod ein Gebanntsein in den Tod«, hat Viktor von Weizäcker einmal gesagt. Doch wie dem Gebanntsein in den Tod entkommen? In einen neuen Lebensabschnitt muß man nach einem Verlust, nach einer überstandenen Krankheit erst langsam hineinwachsen. Man ist nicht mehr am alten Ort, aber auch noch nicht endgültig an einem neuen angelangt. Dazwischen liegen Übergangszeiten: Es sind Phasen großer seelischer und körperlicher Sensibilität, jederzeit kann es zu Rückfällen kommen.

»Die Zeit wird nie wieder so sein, wie sie war« – das zu akzeptieren ist der erste Schritt zum Neubeginn. Es gilt, eine Welt ohne den langjährigen Partner, ohne ein Geschwister, ohne ein geliebtes Kind tastenden Schritts neu zu entdecken; das ist, als müsse man noch einmal laufen oder sprechen lernen, ein mühsamer, zeitaufwendiger Weg, auf dem man immer wieder auf die Begleitung und Unterstützung anderer angewiesen ist. Ungeduld kann hier nichts erzwingen, und Ratschläge und Ablenkungsstrategien bewirken eher das Gegenteil; auch Medikamente sind nur eine Notlösung und ersparen Trauer nicht.

Der Weg Trauernder führt oft durch ein tiefes Tal: Wie »versteinert« und »lebendig tot« fühlen sich viele. Wohin es gehen wird, weiter hinein in felsiges Gelände oder hinaus in eine blühende Landschaft, hängt von vielen Umständen ab. Wen der Weg zurück ins Leben führt, der geht jetzt sorgfältiger mit der »Engelsgabe« Zeit um, ist sich deren Kostbarkeit vielleicht auch zum ersten Mal wirklich bewußt.

»Es ist, was es ist« – was in diesem vielzitierten Satz Erich Frieds so einfach klingt, ist doch unendlich schwer: die Gegenwart so zu akzeptieren, wie sie ist, nicht an einer Vergangenheit festzuhalten, die es nicht mehr gibt, und nicht in Erwartung einer Zukunft zu leben, die es vielleicht nie geben wird. Wenn es gelänge, im Hier und Jetzt zu leben, sich aus der Vergangenheit nur die Farben und den Duft mitzubringen und von der Zukunft den Strahl der Hoffnung zu holen, dann könnte der Weg ins Leben wieder offen stehen.

Aber man muß auch warten können, bis die Zeit reif ist. Das setzt Geduld und ein gewisses Vertrauen voraus. Geht uns das heute mehr und mehr verloren? Ist das einer der Gründe dafür, daß wir immer häufiger eingreifen und einen gewünschten oder erwarteten Zeitpunkt – den der Geburt ebenso wie den des Todes – vorzeitig herbeizuzwingen versuchen? Wilhelm J. Revers hat in diesem Zusammenhang einmal vom »Selbermachenwollen« als einem »intoleranten Machtanspruch der Ungeduld« gesprochen.

Künstliches Beschleunigen und künstliches Hinauszögern des Todes sind weltweite Realität. Verlängern und Beenden von Leben – entsprechen sie nicht eigentlich einem in Zeiten scheinbar umfassender, unbegrenzter Macht besonders stark ausgeprägten Ohnmachtsgefühl? Möchten wir, so wir es schon nicht in der Hand haben, ewig zu leben, wenigstens den Zeitpunkt unseres Todes selbst bestimmen?

Dabei lehrt doch schon die biblische Weisheit, daß »ein jegliches« seine Zeit hat, »und alles Vernehmen unter dem Himmel… seine Stunde. Geboren werden und sterben, pflanzen und ausrotten, was gepflanzt ist…, weinen und lachen…, klagen und tanzen…« Einem jeglichen diese Zeit auch lassen – dem eigenen Leben und dem der anderen, den Phasen des Haderns und der Verzweiflung ebenso wie denen von Hoffnung und Zuversicht –, das erfordert vor allem Langmut und Toleranz, nicht so sehr ein Messen und Wägen von Zeit. Wie sonst ließen sich eine lebenslange Behinderung oder die nicht abschätzbare Dauer einer Krankheit und eines Sterbens ertragen? Würde nicht allzuleicht wieder, wie schon einmal, von »lebensunwertem Leben« die Rede sein?

Der Zeit die Führung zu überlassen wäre das eine, aber seine Zeit auch zu ergreifen und das Bestmögliche aus ihr zu machen das andere. »Nutze den Tag!« Diese alte Regel hat uns von früh an begleitet. Doch leicht gesagt und schwer getan! Wie schnell kann aus der »Engelsgabe« Zeit ein »teuflisches« Muß werden, dem kein Sinn mehr innezuwohnen scheint. Wenn Stunden nur noch aus Schmerzen bestehen, wenn Tage sich in völliger Einsamkeit dehnen, wenn soziale Not herrscht, wozu dann noch Zeit? Hier sind wir als Mitmenschen mit unserer Solidarität, unserem Beistand und dem Einsatz unserer eigenen Zeit gefragt, die Zeit des anderen wieder lebenswerter zu gestalten.

Der Tag kann auch kommen, an dem ein Sterbender den Tod kaum mehr erwarten kann. »Wann endlich muß ich nicht mehr aufwachen?« – die noch junge Anna O., die drei Jahre mit einer schweren Krankheit gekämpft und doch intensiv gelebt hat, ist nun zermürbt; sie ist todmüde und bereit zu sterben. Ihr Mann dagegen möchte sich dem unerbittlichen Voranschreiten der Zeit in den Weg stellen. »Noch einen letzten Morgen...«, fleht er immer wieder. Den seidenen Faden reißen zu sehen, an dem ihr Leben noch hängt, sie gehen zu lassen fällt ihm unendlich schwer.

Auch da, wo der Tod schon ums Haus streicht, folgt sein eigentlicher Zeitpunkt eigenen, nicht voll entschlüsselten Gesetzen. Oder läßt sich manchmal ein lebensgeschichtlicher Zusammenhang herstellen? Da schließt eine alte Frau erst dann endgültig ihre Augen, als die Tochter aus dem fernen Ausland eingetroffen ist; da stirbt der alte Mann im Pflegeheim nicht einsam in der Nacht, sondern erst am Morgen, als die vertrauten Schwestern und Pfleger wieder um ihn sind und mit ihm Abschied nehmen können; da dauert das Sterben einer Achtzigjährigen viele Tage, und endgültig stirbt sie erst an dem Tag, an dem sich der Tod der Tochter zum ersten Mal jährt.

Vorhersagen über das Wann des Sterbens sind oft ungewiß. Einen Menschen in dessen Krankheit als Arzt zu begleiten hieße auch, geduldig mit ihm einen Schritt nach dem anderen zu tun, behutsam aufzuklären, nicht etwa die Diagnose als Urteil und den Todestermin als Vollstreckungstermin mitzuliefern. Man kann immer wieder erleben, daß Menschen, die dem Tod schon nahe schienen, noch einmal aufleben – Sterbebegleitung ist Begleitung *im Leben*, das im Sterben nur seine Vollendung findet.

»Schnell soll es nur gehen«, sagen viele, wenn vom eigenen oder dem Tod Nahestehender die Rede ist, und: »Der hat es gut gehabt«, wenn jemand aus scheinbarer Gesundheit heraus plötzlich tot umfällt. Der Herzsekundentod gilt ja allgemein als »schöner« Tod. Hat man dabei nur den im Blick, der es »hinter sich hat«, oder auch die Gesellschaft, der mit einem so »ökonomischen«, »zeitsparenden« Tod weniger Umstände entstehen?

Wie aber Abschied nehmen, wenn keine Zeit bleibt, etwa wenn der Ehemann bei der Taxifahrt zum Flug in den Urlaub vor den Augen der Frau tot zusammenbricht? Wie kann eine Mutter, deren zweiundzwanzigjährige Tochter eben voller Lebenslust das Haus verließ, begreifen, daß kurz darauf Sirenen und Blaulicht, nur wenige hundert Meter entfernt, dem tödlichen Autounfall des geliebten Kindes gelten? Oder wie ergeht es den Eltern, deren elfjähriger Sohn eben noch eifrig die Äpfel vom Baum geholt hat, bei der Nachricht, daß er Minuten später auf der Kreuzung vor dem Haus dem Tod in die Arme lief? Scheinbar Unvereinbares ereignet sich hier fast gleichzeitig, was eben noch Leben war, gehört schon dem Tod.

»Mit gelben Birnen hänget und voll mit wilden Rosen das Land in den See«, und, wenige Zeilen später: »Die

Mauern stehn sprachlos und kalt. Im Winde klirren die Fahnen.« Friedrich Hölderlins Gedicht »Hälfte des Lebens« hat das übergangslose Nebeneinander von Leben und Tod in Worte gefaßt: Menschen werden mitten aus einem Leben gerissen, das den Zenit gerade erst überschritten hatte oder das sich eben erst voll entfalten wollte – der Schnitter Tod hat Ernte gehalten, die Hälfte kann auch nur ein kurzes Stück Leben gewesen sein.

Dieser Augenblick, in dem der Tod bei einem Menschen, den wir lieben, die Kerze auslöscht, das Antlitz wächsern und die Glieder leblos werden läßt, ist in seiner Endgültigkeit nicht vorher erfahrbar, auch wenn wir während unseres ganzen Lebens erfahren müssen, daß sich nichts halten läßt: Jugend nicht, Gesundheit nicht, Liebe nicht ... Beginnen wir vielleicht erst dann, über Zeit, auch über die eigene, nachzudenken, wenn sie uns schon unter den Fingern zerrinnt, wenn das »Irgendwann« zum »Morgen« wird? Zeit war bis zu diesem Augenblick fast bedeutungslos gewesen, man hatte sie wie ein Vermögen auf dem Bankkonto. »Zweimilliardenzweihundertsiebenmillionenfünfhundertzwanzigtausend Sekunden«, rechnet einer der grauen Herren aus »Momo« dem Friseur Fusi für ein siebzigjähriges Leben vor – und diesen schwindelt es angesichts solchen Reichtums. Aber: Sind diese Milliarden von Sekunden wirklich viel Zeit? Und wie viele davon sind jetzt noch auf dem Konto? Auf die biblischen achtzig oder heute vielleicht hundert Jahre haben wir ja keinen einklagbaren Anspruch.

Rose N., Ende Fünfzig, hat den Tod noch nie bewußt erlebt. Die eigene Mutter starb kurz nach ihrer Geburt. Jetzt liegt die Stiefmutter im Sterben, deren absehbarer Tod ihr nun bisher nie gekannte Ängste bereitet. Mit niemandem kann sie darüber reden, die Familie, die Freunde lachen sie aus: »Du bist doch noch lange nicht an der Reihe!«

Wir sind die Nächsten, wenn die Eltern gestorben sind, niemand steht dann mehr schützend zwischen uns und dem Tod, niemand verstellt uns dann mehr den Blick auf ihn: »Doch nun, da mein Vater tot war, eröffnete sich ein weiter Ausblick auf ihn wie auf ein Meer, und ich mußte, ob ich wollte oder nicht, den Tod näher ins Auge fassen. Ich begriff, daß ich als nächster an die Reihe kam« (Yasushi Inoue).

Diese Ablöse der Generationen, so unerbittlich sie ist, hat auch etwas Tröstliches an sich: Sie bindet das eigene Leben ein in eine Kette von Werden und Vergehen, in den scheinbar ewigen Kreislauf der Natur. Beide Arten von Zeit, die einmalige, unwiederholbare und die zyklisch wiederkehrende, prägen, was sich zu Leben fügt; jede für sich allein wäre nicht lebbar. Für immer alterslos in das »Rad der Zeit« (Joanna Danis) eingespannt zu sein muß ebenso unerträglich sein wie nur dem schwirrenden »Zeitpfeil« (Friedrich Cramer) nachzujagen, den wir doch nie einholen können. Erst die kunstvolle Verschränkung beider Systeme, der periodisch kreisenden und der nicht wiederkehrenden Zeit, macht das »Mysterium Leben« aus.

Friedrich Cramer nennt dieses verästelte, kunstvolle Gebilde einen »Zeitbaum«. Dieser kann jederzeit und an jeder Stelle Schaden erleiden; fortschreitendes Alter läßt Risse entstehen, ganze Äste knicken ab und verdorren.

Der Zeitpfeil ist unumkehrbar, und dennoch können wir uns in Gedanken auf ihm bewegen. Wir können mit unseren Sinnen Zeit »versetzen«, uns in die Zukunft träumen und Vergangenes in die Gegenwart holen. Ein Geruch, eine Farbe, ein Geräusch, und schon sind wir für einen kurzen Augenblick um Jahrzehnte jünger. Der Duft blühender Linden, und man ist unmittelbar in den Garten seiner Kindheit zurückversetzt.

Selbst ein Mensch, der ans Bett und damit auch an eine

beschwerliche Gegenwart gefesselt ist, kann sich noch auf eine Zeitreise begeben: Einem schwerkranken alten Mann, der in einem Pflegeheim auf den Tod »wartete«, brachte ich – es war Sommer – frisch gepflückte Himbeeren mit. Er ließ jede Frucht einzeln auf der Zunge zergehen, und sein Gesicht wurde wieder ganz jung: »Die schmecken fast so gut wie die vom Strauch des Nachbarn, die ich als Bub immer heimlich stibitzt habe«, erinnerte er sich und lachte dabei; bei meinem nächsten Besuch wartete er schon auf die »Kostprobe vergangener Zeiten«.

Ist auch der Traum eine Zeitreise? Es ist, »als spanne der Schlafende ... in einem Kreise um sich den Ablauf der Stunden, die Ordnung der Jahre und der Welten aus ...«, sagt Marcel Proust auf seiner »Suche nach der verlorenen Zeit«. Ist es verlorene Zeit, die wir im Traum wiederfinden können? Bewegen wir uns im Traum auf dem Zeitpfeil? Passiert das jetzt, oder ist es morgen, oder ist es nur eine andere Form unseres Gestern? Träume verunsichern uns. Mit ihrer Unberechenbarkeit, ihrem Durcheinander geben sie uns wohl eine Ahnung vom endgültigen Zeitchaos, unserem Tod.

Der Traum schlägt eine Brücke vom Schlaf zum Tod, den Zwillingskindern der Nacht. An ihrem Geländer lehnend, können wir Nacht für Nacht zum jenseitigen Ufer hinüberschauen, wo Zeit keine Gültigkeit mehr hat.

Und meine Seele spannte
Weit ihre Flügel aus,
Flog durch die stillen Lande,
Als flöge sie nach Haus.

Ahnung, Beschwörung, Getroffensein

Die Sicht des Künstlers

Was Menschen ein Leben lang beschäftigt, was ihnen Glück und Leid bedeutet, Szenen des Alltags und die großen Themen – Künstler haben eine besondere Sensibilität dafür, auch für Sterben und Tod. Künstler zeichnen sich durch Empfindsamkeit aus, die Fähigkeit, sich anrühren zu lassen und das eigene Gefühl, die eigene Erfahrung in allgemeingültige Botschaften umzusetzen. Kunst kann Zusammenhänge und Welten erschließen, die weit über das hinausgehen, was die Netzhaut abbildet und das Ohr einfängt, sie hat ihre Wurzel ebenso in archaischer Vergangenheit wie in der Zukunft, von der sie uns eine Ahnung vermitteln kann.

Für die einen sind es vielleicht Dürers »Betende Hände« oder das Bild seiner Mutter, »Bildnis Barbara Dürer«, für andere van Goghs »Blühender Pfirsichbaum« oder sein »Getreidefeld mit Raben«, für wieder andere Caspar David Friedrichs »Das Eismeer«, die ihnen als Bilder im Leben wichtig wurden, Bilder, die mehr zeigen, als sie abbilden.

Die »Betenden Hände«: Nur sie sind im Bild, doch aus ihrem Gestus vermeint man die Haltung des dazugehörigen Körpers und eine leichte Neigung des Kopfes zu erahnen. Licht fällt auf sie und zeichnet lebendige, feine Linien und deutliche Adern ein – eine kontemplative Stille ist über alles gebreitet. Die schmucklosen, gefalteten Hände haben etwas Inniges an sich, sind Ausdruck der Wünsche und Nöte des Menschen, zu dem sie gehören. Ist es die Mutter des Künstlers?

Er hat sie zwei Monate vor ihrem Tod porträtiert (Abb. 1). In ihren Zügen hat er die vielen »kleinen Tode« festgehalten, die sie schon im Leben zu sterben hatte. Er schreibt von ihr, er bewundere ihre Geduld in »so mancher schmerzhaften Krankheit, großer Armut, gegenüber Verspottung, Verachtung, höhnischen Worten, Schrecken und vielfältigen Nöten«. Was sein Zeichenstift vor fast fünfhundert Jahren auf Papier gebannt hat, spricht uns auch heute an, läßt uns an eigenes Erleben, eigenes Altern denken: dieser skeptische, in die Ferne gehende Blick eines Menschen, dem man nichts mehr vormachen kann, der schmale, nachdenkliche Mund, der ausgemergelte Hals.

Das Bild »Blühender Pfirsichbaum« zeigt die zarte Seite eines häufig eher als ungestüm und wild bezeichneten Mannes, des Malers Vincent van Gogh, den seelische Krankheit und soziale Not zeitlebens gebeutelt haben. Der blühende Pfirsichbaum steht für seine nie ganz versiegende Hoffnung auf Unversehrtheit in einem Leben, das in Wirklichkeit ein beschädigtes war. Davon kündet das zwei Jahre später entstandene »Getreidefeld mit Raben«, das im bewegten Duktus des Pinselstrichs eine große Kraft vermittelt – eine Kraft, die van Gogh allerdings wenige Wochen später mit tödlichen Folgen gegen sich selbst richten sollte. Ins Bild gesetzt ist ein aufgewühltes Seelenpanorama: flammend gelbes Korn vor einem tiefvioletten, dräuenden Himmel und schwarze Vögel, die wie Todesboten ihre Schwingen ausbreiten.

Van Goghs vitale Sehnsucht scheiterte immer wieder an seiner aussichtslos erscheinenden Lebenssituation. Seine Kunst fand keine Anerkennung und keine Käufer. Ohne Freunde oder eigene Familie war er völlig von der steten Fürsorge seines Bruders Theo abhängig, dem zur Last zu fallen er immer wieder befürchtete. Doch ihrer beider Schicksale waren tragisch verkettet: Theo hing auf eine fast symbiotische Art an seinem Bruder und hat dessen Selbstmord nur um wenige Monate überlebt.

Wer Caspar David Friedrichs Bild »Das Eismeer« (Abb. 2) vor Augen hat, den mögen Gefühle des Unbehagens ergreifen: schwankender Boden, der nicht trägt, Übermacht der Natur, Ausgesetztsein und Ohnmacht. Vom Menschen zeugt nur noch die Andeutung eines vom Eis zermalmten Schiffswracks, und die übereinandergetürmten Schollen unter schneeblauem Himmel könnten an einen Ort des Todes denken lassen. Doch ebensogut vermitteln die hochragenden Eisschollen die Vorstellung eines Doms, und ist nicht die Sonne, die Teile des Eises in warmes Gelb taucht, auch Zeichen der Hoffnung? »Der entlegene irdische Bezirk des Nordpols wird zum Sinnbild des Überirdischen«, sagt der Friedrich-Forscher Börsch-Supan.

Auch dieses Bild ist eine Seelenlandschaft, die auf einer Kindheitserfahrung des Malers aufbaut. Als Friedrich dreizehnjährig beim Schlittschuhlaufen einzubrechen drohte, kam ihm sein jüngerer Bruder zur Hilfe, der dabei jedoch sein Leben verlor. »Opfer-Leben« – Paul Klee hat einmal dieses Begriffspaar geprägt, hier hat es sich ereignet.

Todesahnung, Todeserfahrung und Todesangst, aber auch Trauer und Trost – Phänomene, die kaum in Sprache zu fassen sind –, Bilder können sie uns sehr nahebringen. Wieder ist es Paul Klee, der sagte: »Kunst gibt nicht das Sichtbare wieder, sondern macht sichtbar.«

Der russische Maler Marc Chagall hat am Anfang dieses Jahrhunderts das Leben seiner russisch-jüdischen Heimat mit zwei Bildern in den Rahmen von Geburt und Tod gespannt: »Die Geburt« (Abb. 3) und »Der Tote« (Abb. 4). Auf den ersten Blick erscheinen die Szenen realistisch, fast naiv erzählt – als natürlich zum Dorfleben gehörend wie Hochzeiten und andere jüdische Feste. Naiv sind sie jedoch nur auf den ersten Blick, schon der zweite Blick auf das Bild

»Der Tote« zeigt: Diesem Toten hier kann man nicht ausweichen, unübersehbar liegt er »im Weg«, starr und steif ausgestreckt, dramatisch in Szene gesetzt von riesigen Kandelabern. Eine Frau rennt aufgescheucht und mit hoch aufgerissenen Armen umher, Entsetzen, Hilflosigkeit malen sich auf ihrem Gesicht – der Tod scheint plötzlich, unerwartet zugegriffen zu haben, »mitten auf der Straße« wie mitten aus dem Leben gerissen. Einer rennt davon, als wolle er dem Tod entkommen, doch der hat schon seine Beute; gleichgültig fegt ein anderer den Kehricht – das war es, was vom Menschen geblieben ist. Endgültiges hat sich ereignet, das begreift man sofort, hier wird kein Arzt mehr gebraucht, die Kerzen für die Totenzeremonie sind schon entzündet und werfen ihren Schein auf ein wächsernes Antlitz. Dem Geschehen abgewandt und unberührt fiedelt der Geiger auf dem Dach – die Musik geht weiter ...

Chagall selbst hat sich zu diesen seinen Lieblingsfiguren, die so unmotiviert irgendwo zu sitzen oder verkehrt herum am Himmel zu hängen scheinen, geäußert: Er wolle damit »einen psychischen Schock hineinbringen ..., eine vierte Dimension«. Der Tod, das Chaos veranschaulichen hier diese zusätzliche Dimension, die die »Ordnung Leben« erschüttert. Die Juden sprechen vom Todeseintritt als einem Augenblick, da sich das Bewußtsein »bestürzt« – Bestürzung drückt sich auch in diesem Bild aus.

Die beiden Pole des Lebens liegen nicht so weit auseinander, das scheint schon der junge Chagall erkannt zu haben: Auf seinem Bild »Die Geburt« wirkt das Neugeborene regelrecht »in die Welt geworfen«. Wie es von der Amme gehalten beziehungsweise nicht gehalten wird, das wirkt ausgesetzt und ausgestoßen. Die Abtrennung des Kindes von der Nabelschnur, das Ende der Symbiose mit der Mutter, erscheint hier als das schmerzreiche Geschehen, das es in Wirklichkeit wie im übertragenen Sinne ja auch ist: Versinnbildlicht wird es durch erdige Farben, einen Baldachin in düsterem Rot, Blutspuren überall.

Auch die Mutter wirkt verlassen und alleine in ihren Laken und ohne Bezug zu ihrem Kind. Ein Mann hat sich unter dem Bett verkrochen, die Dorfbewohner und der Rabbi, ja sogar eine Ziege schauen herein – Öffentlichkeit steht hier in starkem Kontrast zu der intimen Szene der Frau auf ihrem Bett unter dem Baldachin. Mit dem sogenannten »freudigen Ereignis« hat diese Darstellung wenig zu tun. Dem damals Dreiundzwanzigjährigen muß die reale biographische Situation, die Geburt seines jüngsten Bruders, in »dunklen Farben« erschienen sein, wenn er schrieb: »Ich fand das Haus voll von ernsten Frauen und Männern, deren schwarze Masse das Tageslicht verschleierte.«

Wie um das Sterben liegt Ernst auch um das Geborenwerden. Für Chagall mag ein Heraustreten aus dieser Dunkelheit Leben bedeutet haben: Dreißig Jahre später betitelt er eines seiner Bilder »Zwischen Dunkelheit und Licht«.

Düsternis beschattete das Leben des etwas älteren norwegischen Malers Edvard Munch schon von Geburt an: Man habe ihn nottaufen müssen, weil man glaubte, er würde nicht überleben, schrieb er später. Der Tod wird zum häufigen Gast in seiner Familie, seine Mutter stirbt, als er fünf, seine Schwester Sophie, als er dreizehn war, der Vater stirbt früh, ein Bruder ebenfalls ... »Krankheit, Wahnsinn und Tod waren die schwarzen Engel, die an meiner Wiege Wache standen, und die haben mich durch das ganze Leben begleitet.«

Diese düstere Grundstimmung durchzieht sein Werk: Auf dem Blatt »Sterbezimmer« (Abb. 5) stehen und sitzen die Menschen im Raum um ein imaginäres Zentrum, die früh dahingeschiedene Schwester. Jeder scheint mit seiner Trauer alleine und ganz in sich versunken zu sein, als lausche er eigenen Todesvorzeichen. »In demselben Stuhl, in dem ich die Kranke malte, haben ich und alle meine Lieben Winter um Winter gesessen und sich nach der Sonne gesehnt – bis der Tod sie holte. Ich und alle meine Lieben seit meinem Vater sind den Zimmerboden auf- und abgegangen, erfüllt von Lebensangst und Wahnsinn… Dazu kam die Angst vor der ewigen Verdammnis im höllischen Feuer, die uns von Kindheit an eingepflanzt wurde.«

Auf dem Bild »Das kranke Mädchen« (Abb. 6) ist es ganz hell um dieses früh vollendete Gesicht, ein fast jenseitiger Schimmer liegt darauf, der Blick ist schon nach drüben gerichtet. Auf der Frau an ihrer Seite dagegen liegt Dunkelheit, der Kopf ist tief gesenkt, als könne sie den Anblick dieser entrückten Züge nicht aushalten. Aber es scheint kein Entsetzen, keine Auflehnung in ihr, sie beugt sich dem Schicksal, nimmt es an, als habe sie es lange schon geahnt. Doch das letzte Wort behält der Tod nicht: Betrachtet man den Sockel der Radierung genau, sieht man als tröstliches Gegenbild eine zart angedeutete Landschaft mit belaubtem Baum: Der Frühling kündigt sich symbolhaft an, und mit ihm neues Leben.

Munch hat die Verbindung von Leben, Tod und Leben immer wieder dargestellt, so heißt eine Zeichnung »Stoffwechsel«: ein Baum, der über einem Skelett wurzelt, rechts und links keimendes Leben, Mann und Frau, Adam und Eva – ein »Kreislauf der stofflichen Verwandlung«.

Munch war es bestimmt, alt zu werden: Sein »Selbstporträt Viertel nach zwei nachts« zeigt den Maler mit einundachtzig Jahren: Wie zum Abruf bereit, sitzt er zur frühen Morgenstunde nur mehr auf der Kante eines Korbstuhls, jederzeit bereit, sich zu erheben und dem Ruf zu folgen. Das Gesicht des Greises ist blutleer, hell, der Blick geht irgendwohin und irgendwem entgegen, durch das offene Fenster scheint Leben herein, aber er nimmt es schon nicht mehr wahr, nimmt nicht mehr daran teil. Leben und Sterben, Fülle und Mangel im Draußen und Drinnen auch hier. Der Tod ist in den Raum getreten – er kommt erwartet.

Ein Kind zu verlieren gehört zu den schmerzlichsten Erfahrungen einer Mutter. Käthe Kollwitz hat mit ihrer Radierung »Frau mit totem Kind« (Abb. 7) visionär vorweggenommen, was sich elf Jahre später ereignen sollte: Ihr Sohn Peter, der ihr 1903 für dieses Bild noch Modell gestanden hatte – sie selbst porträtiert sich als Mutter –, fällt 1914 als Freiwilliger in Flandern. Fast fühlt man sich bedrängt von der Intensität der Darstellung: Die Nacktheit verleiht der Mutter etwas Animalisches, noch betont durch die hockende Haltung, die groben Gesichtszüge, das muskulöse Bein. Da ist Kraft, aber letztlich eine vergebliche Kraft, die das Kind nicht schützen konnte; ein starkes Gefühl des Ausgeliefertseins, der Verzweiflung – nichts, kein Detail lenkt von dem ungeheuren Schmerz ab. Die beiden Figuren wirken sehr plastisch – man spürt die Bildhauerin Käthe Kollwitz –, Mutter und Kind sind ein Wesen, die Mutter umklammert es, fast hat man das Gefühl, sie erdrückt es, will es nicht hergeben. Und so steht diese Darstellung auch sinnbildlich für den Schmerz aller Mütter, den der Trennung von ihren Kindern.

Der Schweizer Maler Ferdinand Hodler durchlebt das Sterben seiner Lebensgefährtin Valentine – sie hatte ihm gerade noch ein Kind geboren – sehr intensiv: Er malt sie in allen Phasen ihres Sterbens, als könne er sie dadurch festhalten. Auf dem Bild »Die kranke Valentine im Bett, mit Uhr und Rosen« (Abb. 8) sehen wir sie ermattet in die Kissen gesunken. An diesem schönen Gesicht hat die Krankheit gezehrt, das fiebrige Rot auf ihren Zügen wird von dem Rot der Rosen neben dem Bett wieder aufgenommen, Blutstropfen gleich; eine Taschenuhr symbolisiert ablaufende Lebenszeit. In dem Bild »Zur Seite gesunkener Kopf der Sterbenden« (Abb. 9) ist schon alle Farbe, alles Leben aus dem Gesicht gewichen. Von der Sterbenden weg geht der Blick des Malers aus dem Fenster, weit über den Genfer See.

Im Bild »Sonnenuntergang am Genfer See« (Abb. 10) ist die am jenseitigen Ufer des Sees untergehende Sonne ein Symbol für Hoffnung. Alles verschmilzt zu einer kosmischen Einheit, die Farben verblassen, verglühen. Und dann »Die tote Valentine Gode'-Darel« (Abb. 11): Für ihren letzten Weg ist sie gerüstet bis hin zu den Schuhen. Der Maler hat die Linien der Natur hier weitergeführt: Was den Menschen ausmachte, sein Aufgerichtetsein in der Vertikalen, ist wieder verlorengegangen, streng parallel und horizontal ausgestreckt bis in die Schuhspitzen, gleicht sich der Körper den Schichtungen der Erde und den Linien von Wasser und Himmel an. Verdichtetes, das Wesentlichwerden im Sterben ist ausgedrückt. Später wird Hodler sagen: »Wenn du den Tod aufnimmst in dein Wissen, in deinen Willen..., gliedert er unser ganzes Leben, er gibt ihm einen vollkommen anderen Rhythmus. Das zu wissen, das verwandelt den Todesgedanken in eine gewaltige Kraft.«

Der zeitgenössische Wiener Künstler Arnulf Rainer will dem Tod ein Gesicht geben: Indem er mit heftigem Gestus übermalt und mit schwarzer Farbe zudeckt, was darunter andeutungsweise noch sichtbar ist, deckt er in Wirklichkeit auf, macht sichtbar und neugierig auf das Eigentliche. Erst sind es Selbstporträts, dann Totenmasken bekannter und unbekannter Zeitgenossen, die er auf diese Weise bearbeitet. »Totenmaske 1978« (Abb. 12): »Den Tod in den Griff zu bekommen, indem man selbst auslöscht, aber auch ein Festhalten und Festschreiben des Antlitzes ›Tod‹, wenn auch mit zittrigem Stift...«

Doch werden wir es je erschauen? Paul Klee schrieb auf den Rahmen seines letzten, unvollendet gebliebenen Bildes: »Sollte alles denn gewußt sein? Ach, ich glaube, nein.«

Von allen Künstlern der ersten Hälfte dieses Jahrhunderts war er gewiß der empfindsamste, innerlichste und poetischste. Er war immer ein Verletzlicher und Verletzter: Kriegserleben, seine Vertreibung und die Verbannung seiner Kunst als entartet aus Deutschland, das schwere Leiden und der Tod seiner über zwanzig Jahre lang gelähmten Mutter, die eigene, lebensbedrohliche Krankheit, die seine letzten Lebensjahre überschattete – das alles hatte Spuren hinterlassen. Er setzte sie in Farbe, Sprach- und Bildzeichen um. »Dämmerblüten«, »Tod und Feuer«, »Zerbrochener Schlüssel«, »Dieser Stern lehrt beugen«, »Angstausbruch«, »Finstere Bootsfahrt«, »Der Todesengel«, »Das Tor zur Tiefe« sind Bildtitel seiner letzten Jahre.

Die Arbeit »Friedhof« (Abb. 13) schließlich zeigt, welchen Gedanken Klee ein Jahr vor seinem Tod nachhängt: mit einfachen Linien und Formen, wie von Kinderhand hingesetzt, die Kreuze, Zypressen und Beete. Doch wenn man das Bild um neunzig Grad dreht, sieht man hinter den Zypressen ein Kind verborgen. Opfer-Leben, Vergehen und Werden im Bild des Friedhofs. Auf seinen Grabstein ließ Klee die Worte setzen: »Diesseitig bin ich gar nicht faßbar. Denn ich wohne genausogut bei den Toten wie bei den Ungeborenen, etwas näher dem Herzen der Schöpfung als üblich und noch lange nicht nahe genug.«

Fünfzig Jahre später sieht Werner Knaupp den Sterbenden als einen Ausgeschlossenen: Bei seinen »Expeditionen zu den Extremen menschlichen Erlebens« geht er »auf die Suche nach den gemiedenen Orten«, den Ghettos der Geisteskranken ebenso wie denen der Sterbenden, und nach der Erfahrung des Todes selbst: Er arbeitet als Hilfspfleger in einem Nervenkrankenhaus, in den Sterbehäusern der Mutter Teresa in Kalkutta und als Arbeiter in einem Nürnberger Krematorium. Eines seiner Bilder heißt »Adamah«, das hebräische Wort für »Ackerboden«, der das Leben gibt und wieder aufnimmt. Die Glut der Verbrennungsöfen und das, was bleibt, Schädelreste, Asche und Erde aus Knochen, inspirieren ihn zu monumentalen »Totenstätten«, die in aus Asche und Kohle gemischten Farben gehalten sind. »Der Mensch ist wieder zu dem Stück Erde geworden, aus dem er, wie die Mythologien sagen, geformt wurde.«

Versehrtheit und Verwundbarkeit ist auch im Werk von Josef Beuys ein Thema, doch geht er distanzierter, kühler damit um. Im Lenbachhaus in München ist eines seiner eindrucksvollen Environments ausgestellt: Die Hauptrequisiten sind zwei nebeneinanderstehende Bahren aus Metall, wie man sie zum Sezieren von Leichen benutzt. Jeweils neben den Bahren, als seien sie Betten in einem Krankenzimmer, hängen an der Wand zwei »Leselampen« – doch sie sind »blind«, geben kein Licht. Assoziationen an einen Operationssaal kommen auf, aus dem der Weg direkt zur Pathologie führen kann, Assoziationen an unbehaustes Sterben im Krankenhaus – man ist betroffen. Und das ist beabsichtigt: »Zeige Deine Wunde«, der Titel dieser Arbeit, steht wie ein Appell mit Kreide auf Schiefertafeln geschrieben, die an der Wand lehnen. Wem gilt das, dem, der hier gelegen hat und nicht mehr ist, oder uns, die wir uns verwundbar zeigen sollen?

Das Gefühl von Verlassenheit wird aufgefangen durch die Paarigkeit aller Gegenstände, nicht nur der Bahren. Es gibt noch weitere geheimnisvolle Requisiten, unter anderem Thermometer, Fett, ein mit einem Gazefilter bedecktes Reagenzglas – verweisen sie auf Energiehaushalt, Destillationsprozeß? An der Wand lehnt archaisches Ackergerät, auch das zweimal vorhanden, als habe man es eben aus der Hand gegeben – Spuren vom Menschen, der als soziales und von Fortpflanzung abhängiges Wesen nicht auf Vereinzelung angelegt ist. Die gesamte Arbeit erweckt auch Gedanken an die Dualität von Leben und Tod, die nur zusammengenommen das menschliche Leben ausmachen.

Die Würzburger Künstlerin Merve hat den Tod buchstäblich immer vor Augen: Aus dem Fenster ihrer Wohnung schaut sie auf ein Kirchenportal, das von Totenköpfen aus Stein umrahmt ist. Auch in ihren Objekten hat der Mensch nur Spuren hinterlassen, und auch sie arbeitet mit Worten: »Und so bricht es herein« und »Unausweichlich« heißen zwei ihrer Arbeiten. Sie nähert sich dem Thema Vergänglichkeit, indem sie Vorsorge trifft: Das Kissenobjekt ist aus einem Stoff genäht, der, zuvor in Erde vergraben, brüchig und modrig geworden ist; das Kissen ist mit Flaumfedern gefüllt, die aus Rissen und Nahtstellen hervorspitzen – symbolhaft von neuem Leben kündend. Auf dem Kissen ist der Abdruck eines Kopfes sichtbar, von einem Menschen, der schon gegangen ist, oder von einem, der einmal hier ruhen wird? Die andere Arbeit zeigt eine Installation – schmale, fragile hölzerne Schiffe mit langen Rudern, die so zerbrechlich wirken, als könnten darin nur die von Erdenschwere befreiten Seelen ungefährdet über den Styx setzen.

Sie näht sich das Kissen, sie baut sich das Schiff: Will sie gerüstet sein für die letzte Fahrt? Das Thema einer ihrer neueren Arbeiten spricht für sich: Sie baut »Seelenhäuser«, Vogelhäusern gleich, die man im Winter hinausstellt. Im Vergleich zu den Schiffen ist die Bauweise nun kompakter, die Oberfläche erscheint fast wie zugekleistert, undurchlässig – ein Versuch, sich noch mehr zu schützen?

Schiffe sind auch auf einem Ölgemälde von Max Beckmann mit dem Titel »Der Stürzende« (Abb. 14) zu erkennen, einem seiner letzten Bilder, ehe er 1950 mit sechsundsechzig Jahren in New York einem Herztod erliegt. Es sind kleine Nachen, die im Raum zu schweben scheinen, denn Himmel und Wasser sind nicht abgrenzbar und deuten trotz des schmalen Hochformats des Bildes Weite an. Vögel sind zu erkennen, andere Flügelwesen sind die Segel – sind Engel gemeint? Menschen in paradiesischer Nacktheit... Am Vorderrand erkennt man so etwas wie eine tropische Insel.

In freiem Fall stürzt ein Mann, oder wird er nicht doch noch gehalten? Er scheint aus einem der brennenden Wolkenkratzer gesprungen zu sein – Häuser in Flammen, haben sie mit den Geschehnissen der jüngsten Vergangenheit in Deutschland, mit zwei Weltkriegen und den Pogromen zu tun? Doch obwohl die überaus kräftige Gestalt des Stürzenden scheinbar ins Bodenlose zu fallen droht, wird sie zugleich von einem lichten, weiten Raum aufgefangen.

Beckmann hat sich sein ganzes Leben mit dem Tod beschäftigt, hat viele Vanitas-Stilleben gemalt und ist darüber zu Vorstellungen über den Raum gekommen: »Denn am Anfang war der Raum..., Raum, Raum und nochmals Raum, die unendliche Gottheit, die uns umgibt und in der wir selber sind.«

»Den Lebensweg zu Ende gehen« – für Maria Uhden, die zum Kreis des Blauen Reiters gehörte, war es ein kurzer Weg, und es scheint, als hätte sie es geahnt, wenn sie in einem Brief schreibt: »Ich habe noch schrecklich viel vor, und ich fürchte oft, das Leben ist nicht lang genug, um das alles sagen zu können, was aus mir heraus will. Nur gesund bleiben, das ist mein größter Wunsch...« Er sollte nicht in Erfüllung gehen: Im Alter von sechsundzwanzig Jahren starb sie nach der Geburt ihres ersten Kindes am Wochenbettfieber. Der Holzschnitt (ohne Titel, Abb. 15), an dem sie als letztes gearbeitet hat, ehe sie sich zur Entbindung ins Krankenhaus begab, hat etwas Visionäres: eine Insel, zwischen Palmen exotische Tiere, ein Mensch in einem Kahn, der auf sie zusteuert. Versinnbildlicht sie das Paradies oder die Insel der Seligen?

Der Schriftsteller Oskar Maria Graf, der mit der jungen Künstlerin befreundet war, schrieb diesem ihrem letzten Werk eine Kraft zu, in der sich »die mögliche Symbolisierung der Wirklichkeit von der Güte alles Seienden« zeige. Meinte er damit auch, daß dieses Leben zwar früh beendet, aber doch vollendet war?

Abb. 1: Albrecht Dürer:
Bildnis seiner Mutter

Abb. 2: Caspar David
Friedrich: Das Eismeer

Abb. 3: Marc Chagall: Die Geburt

Abb. 4: Marc Chagall: Der Tote

Abb. 5

Abb. 6

Abb. 7: Käthe Kollwitz: Frau mit totem Kind

Abb. 5: Edvard Munch: Sterbezimmer

Abb. 6: Edvard Munch: Das kranke Mädchen

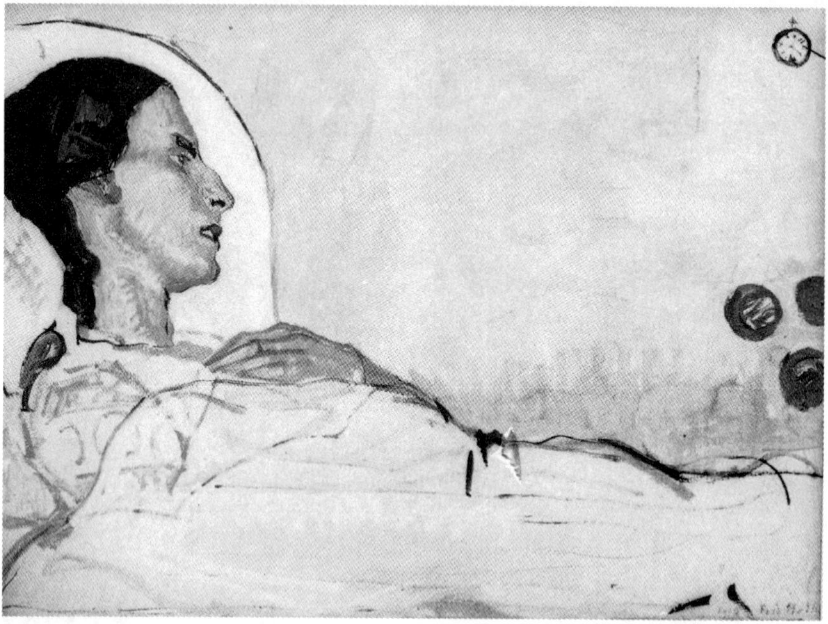

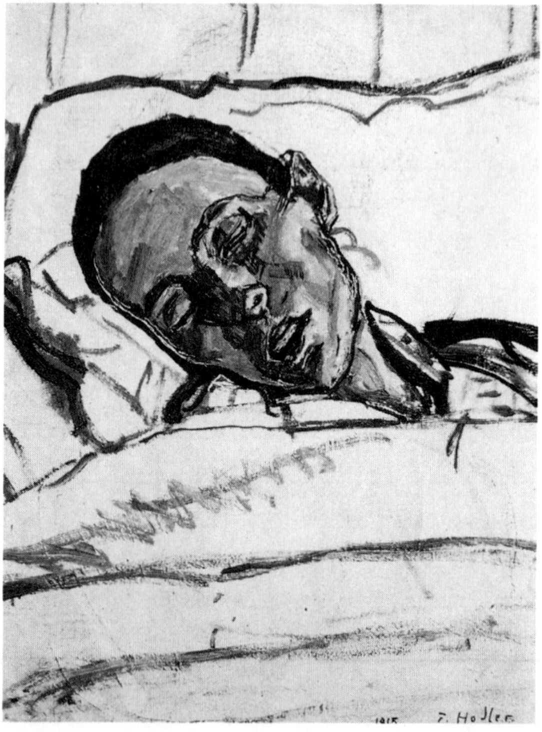

Abb. 8:
Ferdinand Hodler:
Die kranke Valentine im
Bett, mit Uhr und Rosen

Abb. 9:
Ferdinand Hodler:
Zur Seite gesunkener
Kopf der Sterbenden

Abb. 10: Ferdinand Hodler: Sonnenuntergang am Genfer See

Abb. 11: Ferdinand Hodler: Die tote Valentine Gode'-Darel

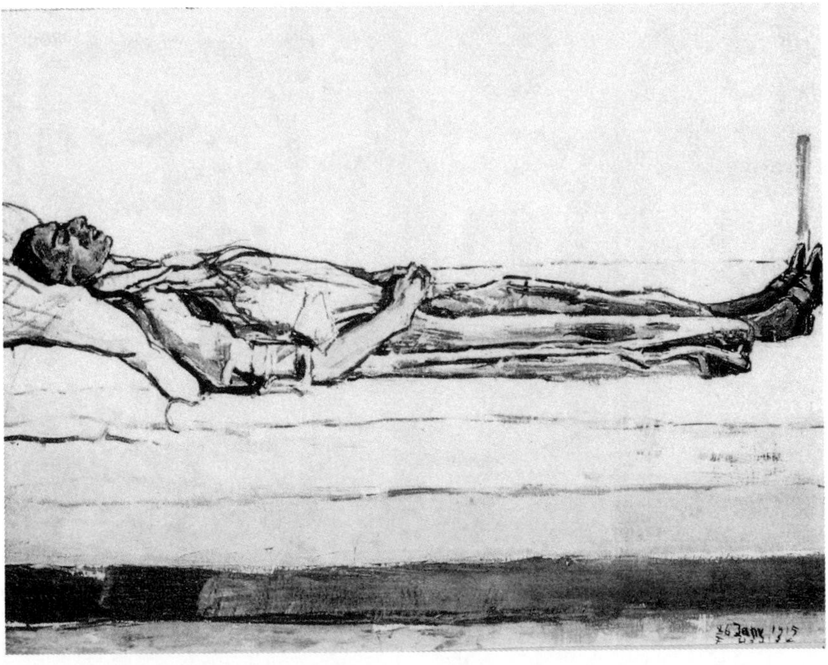

Abb. 12: Arnulf Rainer: Totenmaske 1978

Abb. 13: Paul Klee: Friedhof

Abb. 14:
Max Beckmann: Der Stürzende

Abb. 15: Maria Uhden: ohne Titel

»Am Montag wirst du sterben«

Oder: Wie der Tod das Leben verändert

Er stand oben auf dem Festungswall. Unten im Graben hoben zwei Männer eine Grube aus. Er wußte, es war sein Grab. Denn er war zum Tode verurteilt. Es gab kein Gericht, keinen Ankläger, keinen Verteidiger. Und er wußte nicht, was man ihm vorwarf. Da war nur eine Stimme, die, keinen Widerspruch duldend, zu ihm sagte: »Am Montag wirst du sterben.«

Es war ein hartnäckig wiederkehrender Traum. Immer wieder versuchte er, sich hinauszuretten, indem er sich selbst weckte. Aber kaum war er wieder eingenickt, tauchte die Szene erneut auf. Er oben auf dem Festungswall, unten die grabenden Männer. Und die Stimme: »Am Montag wirst du sterben.«

Es half alles nichts, er wurde den Traum nicht los. Und endlich beschloß er, ihn anzunehmen. »Wenn du wirklich am Montag sterben müßtest, was solltest du vorher erledigen und noch besorgen?« fragte er sich. Er stand auf, zog seinen Bademantel an und setzte sich an den Tisch. Er nahm ein Blatt Papier und einen Stift und schrieb: »Wenn ich Montag sterben würde, dann müßte ich noch …«

Es war viel, was er noch zu erledigen hatte. Und immer fiel ihm noch etwas ein, was er längst getan haben wollte und stets wieder aufgeschoben hatte. Nach einer Stunde war das Blatt beinahe vollgeschrieben. Bis Montag – da hatte er noch viel zu tun, mußte sich beeilen, viel Zeit blieb ihm nicht mehr.

Er zog den Bademantel aus, legte sich wieder ins Bett und sank in einen tiefen, festen Schlaf.

Später konnte er sich erklären, wie dieser Traum entstanden war. Er war auf dem Weg, eine Veranstaltung zu eröffnen. Die Zeit war knapp geworden. Eigentlich wollte er unterwegs an einer Raststätte eine Kleinigkeit essen, aber er geriet in einen Stau, darum konnte er sich die Pause nicht leisten. Und auch für die übliche Tasse Kaffee und das Stück Kuchen vor Beginn der Veranstaltung reichte die Zeit nicht mehr. Er mußte aus dem Auto direkt hinein in den Vortragssaal.

Er eröffnete die Veranstaltung, begrüßte die Teilnehmer und stellte den Referenten vor. Dann wurde ihm schwindlig. Er flüsterte einem Kollegen zu: »Bitte mach du weiter! Mir ist nicht gut, ich lege mich hin. Entschuldige mich bitte!« Er stand auf und schwankte hinaus. Und als er den Saal verließ, schoß es ihm durch den Kopf: »Das hat man öfter gehört, einer sagt, es gehe ihm schlecht, er lege sich hin, und dann findet man ihn tot.« War es bei seinem ältesten Bruder nicht auch so gewesen?

Dabei wußte er, was mit ihm los war. Es war Unterzuckerung. Das hatte er hin und wieder. In seinem Zimmer öffnete er das Fenster, dann holte er das Päckchen mit dem Traubenzucker aus der Reisetasche und lutschte zwei dieser Quadrate. Danach legte er sich auf das Bett und schlief ein. Damals hatte er den Traum zum ersten Mal geträumt, den Festungswall, die Männer im Graben und die Stimme. Und er war schweißgebadet aufgewacht. Und nun in der vergangenen Nacht wieder dieser Traum.

Das erste Schauspiel, das er als Kind gesehen hatte, war »Prinz Friedrich von Homburg« gewesen. Dort, so erinnerte er sich, gab es die Szene, die er im Traum erlebte, der Prinz in seiner Angst und Not schilderte sie. Ihn, das Kind, hatte sie sehr beeindruckt.

Nun war die Szene als bedrückender Traum wiedergekehrt, und erst als er den Traum nicht mehr weggeschoben, als er ihn angenommen hatte, konnte er schlafen. Weil er die Botschaft verstanden hatte?

Es ist eine Erfahrung, die wohl jeder kennt: Unangenehmes, Beunruhigendes schiebt man gern vor sich her, damit läßt man sich Zeit. Und es quält einen die Angst vor der Stunde, in der weiterer Aufschub nicht mehr möglich ist. Wenn man es dann schließlich hinter sich gebracht hat, ist die Erleichterung groß. Nicht nur, weil es überstanden ist, sondern weil es halb so schlimm, vielleicht ganz und gar nicht schlimm war. Dann fragt man sich, warum man überhaupt Angst davor hatte.

Juristen berichten, daß in den vergangenen Jahren die sogenannten »unfreiwilligen Erbengemeinschaften« erheblich zugenommen haben. Sie entstehen, wenn jemand stirbt, ohne ein Testament zu hinterlassen.

Als der Mann in den Unfall verwickelt wurde, war er zweiundvierzig Jahre alt, hatte eine Frau und drei Kinder. Ein Kleinbus hatte sein Fahrzeug an der linken Hintertür gerammt und es quer über die Straße gegen einen Baum gestoßen. Der Schreck war so groß, daß seine Beine ihn nicht mehr trugen, als er ausstieg. Er mußte sich an den Rand des Straßengrabens setzen.

Als man sich erkundigte, ob er verletzt sei, schüttelte er den Kopf. »Ich habe nur einen wahnsinnigen Schreck bekommen! Sonst fehlt mir nichts«, sagte er.

Der zweite Schreck überfiel ihn, als er sich längst wieder beruhigt und seine Frau am Telefon von dem Unfall verständigt hatte. »Mir ist nichts passiert!« hatte er der Zweifelnden mehrfach versichern müssen. Und nun saß er im Zug, um nach Hause zu fahren. Unwillkürlich kam ihm der Unfallablauf noch einmal in den Sinn. Er sah die eingedrückte Hintertür und die verschobene Rückbank. Und dann wurde ihm bewußt: Hätte sich der Unfall den Bruchteil einer Sekunde früher ereignet, dann hätte der

Kleinbus nicht die hintere, sondern die vordere Tür, die Fahrertür, eingedrückt... Er wagte nicht, das zu Ende zu denken.

Was wäre aus seiner Frau und seinen Kindern geworden? Immer wieder hatten sie davon gesprochen, daß es endlich Zeit war, zum Notar zu gehen. Plötzlich gewann der Satz: »Mitten im Leben sind wir vom Tod umfangen!« Bedeutung für ihn. Er beschloß, sich keinen Aufschub mehr zu genehmigen.

Am selben Abend, als alles erzählt und die Aufregung abgeklungen war, setzte er sich an seinen Schreibtisch, nahm ein Blatt Papier und schrieb mit großen Buchstaben: »Mein Testament«.

Immer wenn der Tod nicht nur andere trifft, sondern einem Menschen als reale Möglichkeit und Bedrohung für sich selbst bewußt wird – ob nun durch eine angstmachende Übelkeit, den Schock eines Unfalls oder durch einen Krankheitsverdacht und das Warten auf den Befund –, dann erscheint vieles mit einemmal in einem anderen Licht. Und auch wenn man meint, man könne zur Alltäglichkeit zurückkehren: Der Stachel sitzt, manchmal wird man ihn zwar vergessen, aber man spürt ihn immer wieder.

Das Wissen um den Tod verändert das Leben. Da hilft es auch nicht, sich unwissend zu stellen und nicht wahrhaben zu wollen, daß einem nur begrenzte Zeit zur Verfügung steht.

Irgendwann stellt man sich dann auch die Frage, was man von seinem Leben erwartete, was man daraus machen wollte und was man davon erreicht hat. Man fragt sich, wieviel Zeit einem wohl noch bleibt, welche Wünsche, Erwartungen und Hoffnungen noch offen sind und was davon unerfüllt bleiben wird. Und man stellt fest, daß man seine Pläne und Vorhaben der begrenzten Zukunft anpassen muß: Was will ich auf jeden Fall noch erreichen, worauf kann ich verzichten, was streiche ich besser gleich von der Liste meiner Pläne.

Gar nicht so selten geschieht es dann, daß Menschen, wenn sie eine vorläufige Bilanz ihres Lebens ziehen, deprimiert sind, weil ihnen, wie sie meinen, das Leben vieles schuldig geblieben ist. Was hatten sie sich vorgenommen – und was ist daraus geworden!

Eine Frau mittleren Alters hat vier Kinder geboren und großgezogen. Als ihr Mann starb, war ihr Ältester dreizehn, die Jüngste eineinhalb. Sie hat sich durchgebissen und für ihre Kinder gelebt und geschuftet. Alle Kinder bekamen eine gute Ausbildung, drei von ihnen ermöglichte sie ein Studium.

Sie hätte also allen Grund, stolz auf sich zu sein. Und dennoch hadert sie mit dem Schicksal. Nicht nur, weil es ihr so früh den Mann nahm und sie zwang, die Last der Familie allein zu tragen. Mehr noch ist sie maßlos enttäuscht darüber, daß ihr selbst die Chance nicht geboten wurde, die sie ihren Kindern unter Mühen und Entbehrungen eröffnete.

Sie neigt dazu, andere zu bewundern und zu beneiden, die »mehr aus ihrem Leben gemacht haben«. Ihr Verstand sagt ihr, daß die anderen nicht tüchtiger, sondern lediglich begünstigt waren, die besseren Chancen hatten. Und dennoch ertappt sie sich dabei, daß sie sich klein macht und sich fragt: Wer bin ich denn schon?

Bei einem Wochenende für »Frauen in den mittleren Jahren« sagt ihr die Referentin: »Ich habe den Eindruck, in Ihrer Bilanz unterschlagen Sie Ihre Kinder. Ist das denn gar nichts, vier Kinder allein ins Leben begleitet zu haben. Welche andere Frau hätte das geschafft? Darauf können Sie stolz sein!«

Da wehrt sie bescheiden ab: So toll sei das nicht gewesen.

Es ist immer wieder auffallend, daß Menschen in der sogenannten »Bilanzkrise« sich selbst als schlecht einstufen und ihre Lebensleistung abwerten: Viel häufiger fragen sie danach, was sie nicht zustande brachten, was ihnen versagt wurde und was das Leben ihnen schuldig blieb; und sie übersehen dabei, was sie wirklich geleistet haben und worauf sie mit Recht stolz sein können. Der Grund für diese Selbstabwertung liegt vor allem darin, daß wir uns daran gewöhnt haben, die Leistung eines Menschen nach dem vorzeigbaren Ergebnis zu beurteilen. Und da steht einer, der die Spitze des Berges erreicht hat, eben besser da als einer, der nur auf der halben Höhe angekommen ist.

Daß letzterer unter widrigen Verhältnissen von ganz unten aufgestiegen ist, ersterer dagegen eine komfortable Ausgangsstellung weiter oben hatte, spielt in dieser am Ziel orientierten Beurteilung keine Rolle. Sie entspricht nicht den Tatsachen und ist deswegen ungerecht. Nicht der Endpunkt, sondern die zurückgelegte Wegstrecke und die zu überwindenden Hindernisse sind für die Beurteilung einer Leistung entscheidend. Das muß nicht nur die Witwe mit den vier Kindern lernen. Bei einer realistischen Betrachtung der eigenen Lebensleistung fällt es auch leichter, sich mit seinen scheinbaren »Mißerfolgen«, den eigenen Hoffnungen und Erwartungen nicht entsprechenden Ergebnissen, zu versöhnen.

Nicht nur der Gedanke an den eigenen Tod, sondern auch der an den Tod des Partners wird gern und oft verdrängt. Und er beunruhigt und belastet um so mehr, wenn er sich nicht mehr wegschieben läßt. Da gesellt sich dann zu der Furcht vor dem eigenen Sterben die Angst, vom Partner verlassen, im Stich gelassen zu werden.

Keiner der Ehepartner weiß, wer als erster geht und wer zurückbleibt. Und längst ist nicht sicher, daß auch der schwächere oder weniger gesunde Partner der sein wird, der den letzten Schritt zuerst tun muß.

Das Wissen um den bald bevorstehenden Tod des Lebenspartners erweckt bei uns dieselbe Reaktion wie angesichts unserer eigenen Endlichkeit: Man stellt sich unwissend, will es nicht wahrhaben, macht sich – und vor allem auch dem anderen – etwas vor, man hadert mit dem Schicksal, versucht, auf Unabkömmlichkeit zu plädieren, und ist oft verzweifelt, weil man sich scheut, seine Angst vor dem Bevorstehenden preiszugeben. Und schließlich muß man sich doch damit abfinden.

Ich traf mich zu einem Gespräch mit einem Mann, dessen Frau vor einigen Wochen gestorben war; über ein Jahr lang hatten sie gewußt, daß es so kommen würde, die Ärzte hatten keinen Zweifel gelassen.

»Wie leben Sie jetzt?« fragte ich ihn. »Ich habe mich hineingefunden«, antwortete er, »und komme ganz gut zurecht. Aber manchmal merke ich, daß sie nicht da ist, sie war so praktisch in allem.« – »Mein Gott«, dachte ich, »vermißt er sie, weil sie so praktisch war?«

»Wissen Sie, ich rede immer mit ihr. Das haben wir uns während ihrer Krankheit so angewöhnt. Nie in unserer ganzen Ehe haben wir so viel, so intensiv miteinander gesprochen. Und nie waren wir uns so nah und so vertraut wie in diesen letzten Monaten und Wochen. Ich glaube, es gab kein Thema, das wir ausgelassen haben. Das Schlimmste ist, daß das Bett neben mir leer ist und ich ihr Atmen nicht mehr höre.«

So kann das Wissen um den bevorstehenden Tod das Leben in der Ehe verändern, einander näherkommen lassen, inniger miteinander zu leben lehren. Das ist nicht nur die Frage der Zeit, die einem bleibt, den unausweichlichen Tod bewußt zu akzeptieren. Es ist wohl auch die Qualität einer Beziehung, die solche Möglichkeiten eröffnet.

Desgleichen kommt es vor, daß der Zurückbleibende den Tod des anderen nicht immer als schrecklich und schmerzlich empfindet; manchmal fühlt er sich auch von einer drückenden Last befreit. In die Trauer mischen sich dann Schuldgefühle, weil man den Tod des Partners als Erlösung herbeisehnte: nicht nur für ihn, damit er von seinem Leiden befreit werde, sondern auch für sich selbst, damit die schwere Belastung ein Ende finde.

Dennoch sagen solche Gefühle nichts über die Qualität der Ehe aus. Eine jahrelange Krankheit zum Tod mit dem ständigen Auf und Ab, mit dem Wechsel von Hoffnung und Depression ist schwer zu ertragen und kaum auszuhalten.

Auch können Krankheit und Sterben einen Menschen so verändern, daß man den, den man liebte, in ihm nicht mehr wiederfindet, daß man den, den man viele Jahre gut zu kennen glaubte, nicht mehr wiedererkennt. Die Erinnerung an einen Menschen kann während des letzten Wegstücks mit ihm überschattet werden und so seine positiven Seiten verdunkeln.

Wochen und Monate ständig überfordert, permanent am Rande der Erschöpfung und des Zusammenbruchs – und doch hat man all das ausgehalten und durchgehalten, ist nicht abtrünnig geworden. Wer wollte nicht verstehen, daß irgendwann für jeden die Grenze erreicht ist? Und dennoch ist es kein Trost für diesen von Selbstvorwürfen und Gewissensbissen geplagten Menschen, wenn man ihm sagt, daß er sich nicht schuldig zu fühlen braucht. Wie man die Trauer über den Toten ernst nehmen soll, so verlangt auch die Trauer des Menschen über sich selbst unseren Respekt.

»Wichtigstes von allem ist Familie«

Nico sagte diesen Satz, als wir abends in seiner kleinen griechischen Kneipe saßen. »Wichtigstes von allem ist Familie.«

Es ist kurz nach Weihnachten, und Nico macht ein trauriges Gesicht. Wir fragen, ob er krank oder müde oder ob mit Elena, seiner Frau, etwas nicht in Ordnung sei. Er schüttelt den Kopf, bleibt eine Weile an unserem Tisch stehen, erzählt, daß die beiden Kinder, die in Griechenland studieren, wieder fortgefahren sind, daß er und seine Frau Heimweh haben, auch nach den alten Eltern. Dann hebt er wie entschuldigend die Schultern: »Ist so bei uns. Wichtigstes von allem ist Familie!«

Auf dem Heimweg machen wir uns Gedanken, was wichtig ist in unserem Leben. Ist die Familie für uns auch das Wichtigste?

Was ist überhaupt *die* Familie? Ist es die eigene Familie, die es als Lebensgemeinschaft nicht mehr gibt? Oder ist es meine Ursprungsfamilie, die sich längst aufgelöst hat bis auf flüchtige Besuche, Kartengrüße aus den Ferien und zu den Geburts- und Feiertagen? Oder etwa die Ursprungsfamilie meines Partners, ebenfalls äußerlich und innerlich weit entfernt.

Scheinbar glückliche Familien habe ich beobachtet, mit Rädern unterwegs am Sonntag, eng beieinander im verwandtschaftlichen Kreis auf Festen, in den Ferien, an Gräbern auch.

Aber auch dies habe ich beobachtet: Familien, in denen man sich gegenseitig bespitzelte, reinlegte, bekämpfte bis aufs Blut, unversöhnlich über den Tod hinaus, ums Erbe schachernd.

Was also ist eine Familie? Ein Ehepaar mit Kind oder Kindern, zwei Generationen oder mehr unter einem Dach? »Meine Familie« sagen wir auch dort, wo es nur eine Mutter gibt, der Vater im Krieg geblieben oder aus anderen Gründen abwesend ist.

Kinder, die nicht bei ihren Eltern leben, bleiben lange auf der Suche, adoptieren »ihre Familie« oder phantasieren sie. Kinder wollen und brauchen eine Familie.

An einen meiner Großväter – wir Kinder haben ihn gefürchtet, denn er sprach nur mit uns, wenn wir die Tenne fegen sollten, die Kühe hüten, Äpfel und Birnen körbeweise auflesen – also an diesen Großvater, einen wohlhabenden Bauern in Norddeutschland, erinnere ich mich, wenn ich höre: früher...

Seine Knechte und Mägde hatten »Familienanschluß«, das bedeutete, sie schliefen auf dem Hof, neben den Kornkammern, die Mahlzeiten waren eine gemeinsame Sache ebenso wie der Kirchenbesuch, gearbeitet wurde von früh bis spät, am Sonntag nicht auf dem Feld, aber im Stall. Ein Erntefest gab es auch, einmal im Jahr nach der »letzten Fuhre«, es ging laut und lustig zu, und es gab Berge von Essen und Trinken. Wer erkrankte – es mußte allerdings »ernstlich« sein, mit hohem Fieber –, wurde versorgt, und wer sterben mußte, wurde nicht abgeschoben. Wohin denn auch? Früher...

Häufig hören wir, früher wurde zu Hause gestorben und gemeinsam getrauert. Und dabei schwingt unausgesprochen mit: Da war die Welt noch in Ordnung. Da gab es noch die Familie, die sich besorgt und liebevoll um ihre Mitglieder kümmerte. Und den Pfarrer im Ornat, der den Segen gab und laut betete.

Wir wissen, das Rad der Geschichte läßt sich nicht rückwärts drehen. Und wäre es denn wünschenswert?

Die vielfältigen Ausprägungsformen von Familie im

Verlauf der Menschheitsgeschichte waren das Ergebnis von Anpassung an vorhandene oder sich wandelnde Lebensbedingungen, Produktionsweisen, an die Wirtschafts- und Sozialordnung, beeinflußt nicht zuletzt durch Religion und Kultur. Immer ging es auch innerhalb der Familienstruktur im Grunde um das Überleben unter sich verändernden Bedingungen und Verhältnissen.

Werfen wir einen nüchternen Blick auf die Familie in der jüngeren Vergangenheit, erkennen wir, daß die patriarchalische Großfamilie mit ihren starren Autoritätsstrukturen weiter ihrem Ende zugeht. Sie gab im Rahmen der festgefügten Ordnung Lebensunterhalt, Schutz, Geborgenheit und Beistand, Halt und Orientierung. Sie ließ aber kaum Spielraum für das, was wir heute »individuelle Entwicklung« und »Freiheit der Person« nennen, geschweige denn für »Selbstverwirklichung« im heutigen Sinne.

Das Familien- und Frauenideal, das die Nationalsozialisten während des Dritten Reiches propagierten und in ihren Dienst stellten, ist zusammengebrochen: Frauen verführt zur Gebärfreudigkeit, Männer vereint im »totalen Krieg«. Millionen von Toten, zerstörte, auseinandergerissene, heimatlos gemachte Familien, eine vaterlose Kriegs- und Nachkriegsgeneration – das war die traurige Bilanz. Aber auch das gehört zum Früher. Erinnern heilt!

Was bedeutet Familie heute?

Heinrich Böll klagte in einer seiner frühen Erzählungen: »Sie erkundigen sich, ob man an alles gedacht hat…, ob man auch eine Familie ernähren kann, aber was es bedeutet, eine Familie zu sein, das sagt einem keiner.«

Die Soziologen nennen die heute am meisten verbreitete Familienform »Klein-« oder »Kernfamilie«, auch »Nuklearfamilie«. Es ist vielleicht beruhigend, etwas benennen zu können, aber fragen wir wie die Kinder weiter: Was ist das?

Da ist Ulla, ein kleines Mädchen aus der Nachbarschaft. Sonntags frühstückt Ulla manchmal mit uns, wenn ihre Mama, Krankenschwester von Beruf, Wochenenddienst hat. Ihre Familie ist ihr zu »mini«, sie hat uns »adoptiert«, freut sich, wenn Besuch da ist: »Bei euch ist immer was los!« Ulla hat noch die Großeltern in Hamburg, die sie selten sieht, und den Vater, den sie nicht kennt.

Und da ist Hannes, er hat sieben Geschwister: seine beiden Brüder, die drei Kinder von Gisela, die mit seiner Mutter zusammenlebt, und die beiden kleinen Mädchen aus der zweiten Ehe seines Vaters mit Ilse. Alles das ist seine Familie!

Wie viele Kinder gibt es, deren Eltern geschieden sind, weil ihre Beziehungen zerbrachen, bevor der Tod sie trennte. Sie haben unterschiedliche Familien, Stieffamilien, zwei Väter, von denen der eine Papa und der andere Fredy heißt, von denen der eine Unterhalt zahlt, auch manchmal anruft, und der andere mit der Mutter zusammenlebt und sich Zeit nimmt – gelegentlich.

Immer ist es schlimm, wenn Beziehungen zerbrechen, wenn Eltern sich trennen und das Gemeinsam-für-die-Kinder-Sorgen eine Absichtserklärung ist, die trägt, solange keine Probleme und Konflikte auftauchen.

Unsere Erwartungen und unser Streben nach einem individuellen Glück, nach emotionaler Annahme, nach Gespräch und Verbundenheit, nach Aufteilung der Haus- und Familienarbeit, nach Teilnahme der Frauen am Berufsleben – alles das, was wir heute Partnerschaft nennen, ist jung an Jahren, ist schwierig zu leben, hat bislang kaum Vorbilder.

Auch früher gab es komplizierte Familienverhältnisse, mit »Kind und Kegel«, unehelichen und außerehelichen Kindern, Stiefmüttern und Stiefgeschwistern. Die Stiefmütter in den Märchen sind nicht erdacht; es gab sie zuhauf, denn Frauensterben war keine Ausnahmeerscheinung. Kinder, die früh die Mutter verloren, fanden damals Halt im Gefüge, ein emotionales Angenommensein war jedoch wohl eher die Ausnahme.

Was der Mensch im Leben braucht, das braucht er auch im Sterben: verläßliche Beziehungen. Die Sehnsucht nach Familie – oder sagen wir besser: nach Beziehungen – sitzt tief, auch bei eingeschworenen Singles, auch bei Menschen, die freiwillig oder unfreiwillig auf Kinder verzichteten.

Nicht zu wissen, wohin man gehört, wem man zugehört, ist schlimm, darum ist es für Kinder das Schlimmste, wenn ihnen von Spielgefährten angedroht wird: »Du gehörst nicht mehr zu unserer Bande!«

Familien lösen sich heute auf, oft lange bevor der Tod ihre Mitglieder trennt. In der heutigen Zeit ist das an der Tagesordnung. Die erwachsenen Kinder nehmen Abschied, gehen ihren Weg und müssen ihn gehen, auch wenn sie in der Nähe der Eltern bleiben. Ein Zuviel an Verbundenheit macht abhängig, unselbständig, sogar krank. Familie als »Ort der Menschwerdung«, der frühen und nachhaltigsten Beeinflussung und Prägung, kann auch den Prozeß persönlichen Reifens verzögern, ihn unmöglich machen.

Wenn nun die Stabilität der Familie nicht mehr garantiert ist, was bleibt uns? Und wie sollen wir unsere mitmenschlichen Beziehungen leben und gestalten, die doch auch vom Zerbrechen bedroht sind?

Es ist wichtig zu akzeptieren, daß die Zerbrechlichkeit von Beziehungen nicht ausschließlich mit unseren heutigen Lebensumständen zusammenhängt, sondern daß sie dem Leben selbst eignet! In der Vergangenheit wurde so manches von außen vorgeschrieben, gehalten, gestützt. Das, was stabil macht und als stabil erscheint, kann sehr inhuman sein, auch alles andere als wahrhaft christlich.

Wenn die Zerbrechlichkeit von Beziehungen etwas Charakteristisches, Schmerzlich-Dazugehöriges unseres Lebens ist, wie können wir lernen und andere lehren, damit umzugehen?

Er war Musiker, fünfzig Jahre alt, inzwischen angesehen, da trennte er sich von seiner Familie: dramatische Scheidung, drei Kinder, fast erwachsen.

Er starb plötzlich, erlitt im Zug einen Herzinfarkt, auf der Heimfahrt zu seiner jungen Frau, einer ehemaligen Studentin, und zu den zwei kleinen Kindern...

Ich sah sie alle bei seiner Beerdigung: beide Frauen, die erste und die zweite, fünf Kinder, drei große und die kleinen. Beide Frauen hielten sich an den Händen und weinten gemeinsam. Neugierige Blicke gab es, auch Tuscheln. Was war ungewöhnlich daran?

Roswitha lädt seit Jahren ihren Ex-Ehemann ein, wenn ihre jetzige Familie Feste feiert. Er sitzt mit in der Runde, manchmal bringt er jemanden mit; sonst lebt er allein mit seinem Hund.

Aus zerbrochenen Beziehungen kann Versöhnung erwachsen, wenn man bereit ist, Klage und Anklage hinter sich zu lassen, den Schmerz über das Ende und die Trauer über das gemeinsame Scheitern.

Auch das gehört zu einem menschenwürdigen Umgang mit Tod und Trauer: einander loslassen zu Lebzeiten und weitergehen lernen, ohne Bitterkeit.

In der Familie zu sterben, so viele wünschen es sich. So wie damals, als man nicht »abgeschoben« wurde, als Sterben noch zu Hause stattfand... Allen noch ein letztes gutes Wort sagen, ihnen vielleicht Ermahnungen mitgeben, sich für alles bedanken, was sie Gutes für einen getan hatten – vielleicht gerade auch in der letzten schweren Krankheit. Und dann beim leise gemurmelten Gebet der Umstehenden sanft einschlafen...

Aber nicht nur der alten Magd, die in der Bodenkammer einsam und allein war, als sie starb, auch dem reichen Bauern war ein solches Sterben nicht beschieden. Denn der Alltag mußte weitergehen, und das hieß: vor dem Regen die Ernte einbringen. Da mußten alle Hände zufassen, und es waren keine da, die sich zum Gebet falteten.

Der alte Bauer lag in seiner Kammer, auf dem Nachtkasten standen ein Becher und ein Krug, für den Fall, daß er Durst bekam. Er war allein. Denn alle anderen waren auf den Feldern – auch seine Frau. Er hatte sie mit den anderen weggeschickt. Wenn sie, die alte Bäuerin, selbst die Pferde am Zügel führte, waren zwei junge Arme frei zum Garbenaufstechen. Und dann ging es schneller, denn Gewitterwolken drohten.

Sie fanden ihn vor dem Bett, tot. Der leere Becher lag neben ihm. Beim Versuch, etwas zu trinken, mußte er aus dem Bett gerutscht sein und hatte sich nicht mehr erheben können...

Heute gehen die Angehörigen nur selten mehr aufs Feld, aber auch von ihnen verlangt das Leben ihren Einsatz. Stunden im Büro oder Geschäft, dann zum Kindergarten, die Kleinen abholen, den Haushalt besorgen, erledigen, was morgens liegenblieb. Und dann noch ein bettlägeriger, hilfloser, kranker und manchmal auch ungeduldiger alter Mensch. Das ist die Situation vieler Frauen heute. Manchmal helfen die Männer mit, teilen sich die Last mit ihnen, aber dies ist meist noch die Ausnahme.

Da ist die alte Frau, die bis zuletzt in ihren eigenen vier Wänden bleiben möchte, und die junge Familie, dreihundert Kilometer entfernt. Sie können telefonieren – und sie merken, daß man am Telefon manchmal intensiver, direkter und aufmerksamer zuhört und spricht –, und zuweilen kommen die jungen Leute mit ihren Kindern zum Wochenendbesuch, um die Wohnung zu putzen, die Wäsche zu waschen und für drei Tage auf Vorrat zu kochen. Und um zu reden.

Eines Tages wird die alte Frau tot aufgefunden. Ihre Tochter ist todunglücklich, sie trauert nicht nur über ihren Verlust, sondern auch über die Situation, die es nicht zuließ, der Mutter das zu geben, was sie ihr eigentlich gern gegeben hätte: Zuwendung, Fürsorge, Hilfe und Beistand. Sie ist innerlich zerrissen, weil sie sich nicht hat zerreißen können: hier der Mann und die Kinder, dort die kranke, alte Mutter.

Nein, die Familie kann meistens nicht leisten, was viele von ihr erwarten. Und das keineswegs aus Egoismus.

»Ich wäre gern in meiner letzten Lebenszeit bei meinen Kindern und Enkeln«, sagt die alte Frau im Pflegeheim. »Aber ich weiß, daß das nicht geht. Ein Mensch, der sich nicht mehr selbst helfen kann, in einer kleinen Wohnung mit den anderen zusammen, und die Schwiegertochter hat so viel zu tun, hat ihre Kinder, den Beruf, den Haushalt. Und mein Sohn hat auch seinen Beruf. Und bauen müssen sie auch, weil die Kinder größer werden... Und dazu ich, das ginge doch nicht.«

Das hört sich anders an als die Haltung, der man ebenfalls begegnet: »Sie haben mich abgeschoben. Platz genug hätten sie ja, sie brauchten für die letzten Monate meines Lebens ja nur ein wenig zusammenrücken. Sie wollen mich nicht bei sich haben, ich mache ihnen zu viele Umstände, Ungelegenheiten. Ist das der Dank...?«

Solange zwei alte Menschen zusammenhalten, sich gegenseitig helfen können, und sei es nur, daß einer sich noch ohne fremde Hilfe bewegen kann, ist es leichter möglich, die letzte Zeit in der vertrauten Umgebung zu verbringen. Da genügt es, daß jemand regelmäßig nach ihnen schaut, ihnen abnimmt, was sie selbst nicht mehr erledigen können, sie unterstützt bei dem, was sie nicht allein schaffen. Aber wenn einer allein zurückbleibt und dann noch der ständigen Betreuung bedarf oder große Ansprüche stellt...

Auch der hilfsbereiteste und stabilste Mensch resigniert auf die Dauer, wird gereizt und unduldsam, wenn er permanent überfordert wird. Ein noch so hoher Idealismus kann ausbrennen wie eine dicke Kerze, von der am Ende nur noch der äußere Ring als Ruine übrig bleibt.

Als die Großmutter alt und krank, ein Pflegefall war, lebte sie im Haus ihrer Familie, und neben der Frau des Hoferben gab es im Dorf noch zwei Töchter und eine weitere Schwiegertochter. Und eine andere Tochter lebte im Nachbarort. Sie alle kümmerten sich um die Kranke, verteilten die Last der Fürsorge und der Pflege auf mehrere Schultern.

Nun, da es ihr so geht wie damals ihrer Großmutter, ist sie mit ihrer verwitweten Tochter allein, und diese muß sich nicht nur um die beiden Kinder kümmern, sondern auch noch um den kleinen Laden, von dem sie lebt. Es gibt sonst niemanden, der helfen könnte – höchstens einmal an einem Wochenende, wenn die zweite Tochter mit ihrer Familie oder wenn der Sohn mit seiner Frau aus der Ferne angereist kommen, um ein wenig mit anzufassen. Aber selbstverständlich sind sie dagegen, daß die Mutter ins Pflegeheim kommt.

Man sollte die Familie nicht glorifizieren, weder die von früher noch die von heute. Man sollte sich vor falschen Bildern und überhöhten, unrealistischen Erwartungen hüten – wie etwa vor einer Romantisierung des Sterbens zu Hause. Das, was so viele sich wünschen, erhoffen und erwarten, nämlich sterben zu dürfen im Kreis der Familie, von ihr umsorgt und gepflegt bis zum letzten Augenblick, wird nur wenigen beschieden sein.

Um so wichtiger ist es, daß andere Gesichter sich über einen beugen, wo die vertrauten nicht da sein können.

Und viele Familien, vor allem die Frauen, würden vieles tun und manches Opfer bringen, auf vieles verzichten, müßten sie nicht befürchten, für ihre Zuwendung zu dem

Kranken einen zu hohen Preis zu zahlen, den Preis, damit alleingelassen zu werden.

Wer befürchtet, von dem, was andere von ihm erwarten, überfordert zu werden, macht nicht einmal mehr einen Versuch. Das gilt auch für Menschen, die sich »in die Pflicht genommen« fühlen, ohne zu sehen, ob sie damit auch zurechtkommen können.

Einmal bist du sehr allein

Wenn die Freunde sterben

Sie sind Freunde, obwohl es einmal eine Zeit gab, in der sie einander nicht einmal mehr grüßten. Das war damals, als der Jüngere in die Nazi-Partei eintrat, zur eigenen Sicherheit, sagte er später, wegen der Karriere, behauptete der Ältere. Nun sind sie einundneunzig und sechsundachtzig Jahre alt.

Sie treffen sich jeden Morgen vor dem Eingang der Kirche. Sie nicken einander zu, dann treten sie gemeinsam ein und gehen getrennt zu ihren gewohnten Plätzen.

Wenn einer sich verspätet, wartet der andere besorgt auf ihn, immer wieder schaut er auf die Uhr – es wird ihm doch nichts passiert sein? –, bis er das beruhigende dumpfe Aufstoßen des Gehstocks auf dem Pflaster hört.

Nach dem Gottesdienst gehen sie gemeinsam schräg über den Platz zu Bernhard in die Marktschänke zum Frühstücken – das »Frühstück« besteht aus einem kleinen Bier und einem Schnaps. Da hören sie dann den Gesprächen der Marktleute zu, die abwechselnd auf einen Sprung hereinschauen, auf einen Kaffee oder um sich aufzuwärmen. Und sie reden über die Neuigkeiten, die sie früh im Radio gehört oder in der Zeitung gelesen haben, und geben ihre Kommentare dazu ab. Danach trollen sie sich nach Hause.

Und am Nachmittag, bei gutem Wetter, treffen sie sich wieder. Zum »Taubenvergiften« im Park, wie ihre erwachsenen Kinder lästern – nach dem garstigen Lied eines bekannten Kabarettisten. Die Stadt hat verboten, die freilebenden Tauben zu füttern, weil deren Exkremente die

Sandsteinfassaden der Barockhäuser und die Figuren über dem gotischen Kirchenportal zersetzen. Gerade weil es verboten ist, haben die beiden Alten stets trockenes Brot bei sich, und wenn sie unbeobachtet sind, brechen sie ein Stück davon ab und geben es den Tauben. Dabei freuen sie sich wie Lausbuben.

Sie sind die letzten ihrer Generation.

Wie überall in den gewachsenen kleinen Städten und Dörfern hatte ursprünglich jeder der beiden Alten seine eigenen Kreise, die sich im dritten oder vierten Ring überschnitten. Da waren zuerst die Verwandten, in zweiter Reihe sozusagen standen die guten Freunde, dann kamen die guten Bekannten und schließlich die übrigen. Inzwischen sind viele der Verwandten, Freunde und Bekannten gestorben, und jedesmal, wenn in einem der inneren Kreise eine Lücke entstand, rückte einer aus dem nächsten Kreis nach.

Am Anfang waren sie einander nicht sehr nahestehende Bekannte gewesen, sozusagen jeweils aus dem äußeren Kreis, aber im Laufe der Jahre rückten sie einander immer näher. Und jetzt gibt es keine Kreise mehr, sondern nur noch sie beide, das Paar alter Männer.

Und neben dem gemeinsamen Gottesdienstbesuch am Morgen, dem »Frühstück« bei Bernhard und dem »Taubenvergiften« an schönen Nachmittagen haben sie noch viele gemeinsame Erinnerungen.

»Du bist der jüngere!« sagt der eine, »du wirst mich überleben!« – »Und du bist besser beieinander, du wirst sehen, ich gehe zuerst. Das könnte dir auch so passen, mich allein zurückzulassen, wo doch meine Kinder weit weg sind und deine hier am Ort!«

Das sind so ihre kleinen Reibereien, Spiegel ihrer Angst vor der Einsamkeit, die über den einen kommen wird, wenn der andere stirbt. Angst vor der Einsamkeit, vor dem Zurückgelassenwerden, vor dem Alleinsein inmitten von

Menschen, die zwar in der Nähe sind, die man lange kennt und die einem doch immer fremder werden.

Heinrich Albertz meint, es sei ein egoistischer Zug von den Männern und keineswegs Großzügigkeit, wenn sie ihren Frauen das längere Leben wünschen. Daß sie das tun, bestätigen die meisten älteren Männer. Der Wunsch, daß die Frauen sie überleben mögen, ist nicht etwa ein Zugeständnis an die höhere Lebenserwartung der Frau und hat auch nichts mit dem früher üblichen Altersunterschied zwischen Männern und Frauen bei der Heirat zu tun.

Meistens geben die Männer zu, daß sie ihren Frauen eher als sich selbst zutrauen, allein mit dem Leben zurechtzukommen. Vielleicht liegt es daran, daß sie sich mehr um die »wichtigen Dinge« im Leben kümmerten und den »Kleinkram« den Frauen überließen. Nur: Die »großen und wichtigen Dinge« regeln jetzt andere, die jüngeren, aber den »Kleinkram« lassen die Frauen zurück, wenn sie vor den Männern sterben. Und so befürchten diese nur zu oft, darüber ins Stolpern zu kommen. Dann doch lieber »großzügig« sein und ihr das längere Leben wünschen, zumal es so selbstlos und so edel wirkt.

Daß die Freunde sterben, ist eine Erfahrung, die nicht nur alte Menschen machen. Immer wieder liest man Anzeigen, in denen ganze Cliquen ihre Trauer über den Tod eines der Ihren bekannt geben. Da steht dann in Großbuchstaben etwa der Name Marco und daß sie ihn vermissen werden.

Neulich entdeckte ich in einem dieser schwarzumrandeten Inserate ein großgeschriebenes »Warum« und ein Zitat aus Reinhard Meys Klagelied um den viel zu früh verstorbenen Freund:

Wenn du heute den noch siehst,
der unsere Schritte lenkt,

frag ihn unverbindlich mal,
was er sich dabei denkt!

Männer und Frauen Mitte der Dreißig sind betroffen, wenn sie beim fünfzehnjährigen Abituriententreffen erfahren, daß der eine oder andere Schulfreund von damals schon nicht mehr lebt und woran die Altersgenossen gestorben sind. Längst nicht immer ist es das Motorrad, der Straßenverkehr überhaupt – und auch nicht AIDS.

Erinnert man sich dann nach einem halben Jahrhundert an alle jene, mit denen man ein Stück seines Lebens gemeinsam ging, mit denen man befreundet war, die einem nahestanden, wird man feststellen, daß viele nun nicht mehr hier sind. Sehr viele sind es inzwischen.

Und man sieht die vielen alten Menschen, die mit ihren Partnern und Kindern einst eine Familie waren und die jetzt allein leben – allein mit sich selbst und mit einem Grab, weil die erwachsenen Kinder, oft unvermeidlich in unserer Zeit, höchstens noch ein-, zweimal im Jahr zu Besuch kommen können.

Die Angst, einmal alleingelassen zu werden, nicht nur von den Freunden, sondern vor allem von den Angehörigen, vom Partner, von den Kindern, den Geschwistern, sofern sie noch in der Nähe leben, plagt viele älterwerdende Menschen. Und gelegentlich führt diese Angst zu den rührendsten, zuweilen aber auch zu geradezu erpresserischen Versuchen, sich des Beistandes für das Alter zu versichern.

Sie haben dem Sohn, weil er es einmal besser haben sollte, eine gute Ausbildung ermöglicht, und auch eine Anfangsstellung am Ort hat er gefunden. Da kann er weiter zu Hause wohnen. Er ist ja schließlich das einzige Kind. Nur: In dem Ort gibt es keine Aufstiegschancen, geschweige denn Karrieremöglichkeiten. Also entschließt er sich, ein verlockendes Angebot anzunehmen, wozu ihm auch seine

Freundin rät. Das bedeutet allerdings wegzugehen, umzuziehen. Aber was soll das schon – das machen so viele.

Er ahnt ja nicht, was er mit dieser Ankündigung bei seinen Eltern auslöst. Sie geraten in Panik, malen sich in den schwärzesten Farben aus, wie es sein wird, allein, ohne den Jungen, alt zu werden. Wer wird für sie sorgen, wenn sie einmal hilfsbedürftig sind? Wer wird sie im Alter betreuen und pflegen? Sie versuchen es über die Freundin: Sie soll ihm zureden zu bleiben. Diese sperrt sich: Sollen wir unsere Lebenspläne opfern, damit ihr im Alter nicht allein seid?

Steckt sie vielleicht sogar hinter seinen Umzugsideen? »Wir bauen euch auch ein Haus!« versuchen die Älteren das junge Paar zu bestechen. »In unserem Alter ist ein Haus doch ein Klotz am Bein!« lehnen die Jungen ab. »Wir wissen ja noch gar nicht, wo wir endgültig bleiben werden. Daß ihr im Alter allein seid, ist euer Problem, nicht unseres – für uns wird es sich später stellen. Dann müssen wir auch eine Lösung dafür finden, so wie ihr jetzt. Mit uns jedenfalls solltet ihr nicht rechnen.«

Und schließlich fällt doch, was die Eltern eigentlich nie aussprechen wollten: das Wort von der geschuldeten Dankbarkeit. Und das bedeutet den endgültigen Bruch, zumindest jedenfalls eine große Distanzierung.

Es gibt eine Redensart, die besagt, der Mensch merke vor allem daran, daß er älter wird, wenn er sich dabei ertappe, daß er beim Studium der Todesanzeigen in der Zeitung unwillkürlich zuerst nach dem Geburtsdatum schaue. Da ist es dann beruhigend, wenn es weit hinter einem eingeschlagen hat – so bei sechsundneunzig. Aber wenn es näher trifft, wenn Gleichaltrige, sogar Jüngere abtreten mußten, dann beunruhigt es. Das gilt zumal, wenn man obendrein die Nachricht erhält, daß eine Schulfreundin gestorben ist, ein ehemaliger Kollege beerdigt wird. Man mag sich gegen alles, was an den Tod erinnern könnte, noch so sehr abgeschottet haben, in diesem Augenblick läßt sich der Gedanke an ihn nicht mehr abweisen: Der Tod ist Realität und gehört zum Leben.

Der Verlust naher Freunde kann ältere Menschen über die Trauer hinaus in vielerlei Hinsicht betroffen machen:

Er hebt die eigene Endlichkeit, das eigene Sterbenmüssen ins Bewußtsein, macht klar, daß auch das eigene Leben nur noch ein Leben mit begrenzter Zukunft ist – ein Leben »auf Abruf« sozusagen.

Verheiratete zwingt er, an die »Scheidung durch den Tod«, an das Ende der Ehe zu denken. Unwillkürlich stellt sich die Frage, wer als erster gehen, wer zurückbleiben wird, eine Frage, auf die man keine Antwort weiß.

Und jeder gestorbene Freund bedeutet ein Stück Beziehungsverlust, ein Stück mehr Einsamkeit.

Die Art und Weise schließlich, wie die Freunde sterben, kann beunruhigen, weil sie erkennen läßt, was einem selbst vielleicht bevorsteht: So einsam und allein in einem fremden Raum, ohne die Nähe von Menschen aus der Welt gehen – wer möchte das schon?

Aber nicht nur der Tod von Freunden und Bekannten führt im vorgerückteren Alter zur Einschränkung sozialer Beziehungen, auch andere Umstände spielen dabei eine Rolle. Da ist zum Beispiel der Verlust des Arbeitsplatzes, der immer auch den Abschied von Menschen bedeutet, mit denen man vielleicht über viele Jahre hinaus zusammen war.

Da wird etwa einer in den sogenannten »vorgezogenen Ruhestand« geschickt oder muß den Beruf aufgeben, weil er »das Alter dafür« hat oder weil seine angegriffene Gesundheit es erzwingt. Da heißt es Abschied nehmen von Ehrenämtern oder anderen Funktionen, die man nicht nur gern ausgeübt hat, sondern die auch das Ansehen mehrten; jetzt muß man für andere, jüngere Platz machen. Und schließlich merkt man, daß man sich selbst vieles, was man bisher gern getan hat und was einen unter Menschen kommen ließ, nicht mehr zumuten darf, weil die Gesundheit es nicht mehr erlaubt, die Kräfte dazu nicht mehr reichen.

Mit dem Verlust an Kontakten und Beziehungen verbindet sich dann oft genug die Frage nach dem Sinn und der Nützlichkeit des eigenen Lebens und der Gedanke, überflüssig zu sein. Vor allem macht es zu schaffen, daß man seine Verantwortung verliert. Verantwortlich zu sein erhöhte das Selbstbewußtsein, und je größer die Verantwortung, desto prächtiger das Selbstwertgefühl. Und nun kommt der Verlust der Verantwortung einem Absturz gleich.

Viele Männer überfällt in dieser Situation die Sinnkrise. Und auch über immer mehr Frauen bricht sie herein, wenn vielleicht Jahre nach dem Auszug der Kinder aus dem Elternhaus nun die Trennung von den Kolleginnen und Kollegen und von der Aufgabe ansteht, in der sie nach der Mutterschaft einen neuen Sinn und berufliche und menschliche Befriedigung fanden.

Aber längst nicht alle Männer und Frauen erleben den Abschied vom Beruf als Sinnkrise. Es gibt nicht wenige, die sogar darauf warten. Manche fühlen sich ausgesprochen entlastet und befreit, weil eine angeschlagene Gesundheit die tägliche Arbeit zur schweren Bürde machte oder weil sie eine Doppelbelastung loswerden und sich nun nicht mehr ständig überfordert fühlen. Da sind etwa die, die neben dem Beruf dringende familiäre Verpflichtungen – zum Beispiel die Pflege alter Eltern oder des erkrankten Partners – zu erfüllen oder andere wichtige Aufgaben übernommen haben. Und schließlich warten manche geradezu auf den ersten Tag des Ruhestandes, weil sie nun endlich die Zeit und Möglichkeiten zu finden hoffen, lange gehegte Wünsche und Pläne zu realisieren und nach vielen Jahren ungeliebter beruflicher Routine endlich ihren eigenen Neigungen gemäß zu leben.

Wer jedoch den Abschied vom Beruf vor allem als Beziehungsverlust erlebt, für den ist es das Nächstliegende, zum Ausgleich für die sozialen Defizite auf die allernächsten Menschen zurückzugreifen, auf den Partner, auf die Familie und die Verwandtschaft. So entdecken manche erst im Alter wieder die Beziehung zu ihren Geschwistern neu, zu denen sie, von der eigenen Familie und dem Beruf in Anspruch genommen, nur sehr lockere Kontakte unterhielten. Jetzt haben sie wieder die Zeit für regelmäßige Besuche und für gemeinsame Interessen.

Andere neigen dazu, sich mit dem Partner in das eigene Refugium zurückzuziehen, nach dem Motto: wir zwei gegen den Rest der Welt. Nachdem sie sich lange Jahre viele Stunden am Tag in getrennten Räumen aufgehalten und unterschiedliche Aufgaben wahrgenommen hatten, hocken sie nun beinahe ständig in der Wohnung zusammen. Und es zeigt sich häufig, daß sie auf das, was sie sich so lange gewünscht haben, nicht vorbereitet sind und es nur schwer ertragen. Es endet beinahe regelmäßig damit, daß einer irgendwann aus dem Miteinander-Eingesperrtsein ausbricht, weil diese Totalvereinnahmung nicht auszuhalten ist. Nachdem sie früher darüber klagten, zu wenig Zeit füreinander zu haben, haben sie jetzt das Gefühl, in der »Einschnürung und Umklammerung« zu ersticken.

Die verstärkte Anhänglichkeit an die erwachsenen Kinder und deren Partner und insbesondere an die Enkelkinder wird anfangs zwar begrüßt, in vielen Fällen auf die Dauer aber als lästig empfunden. Auch die anfangs gern in Anspruch genommene Hilfe wird schließlich als aufdringlich angesehen, wenn sie ständig angeboten wird. Was Überdruß auslöst, führt zur Distanzierung. Zumal wenn die Jüngeren ihrerseits Anstoß erregen durch ihre Art zu leben, miteinander umzugehen, ihre Kinder zu erziehen, und die Älteren sie deswegen kritisieren. »Da ist es besser zu kommen, wenn sie sich freuen, und zu gehen, bevor sie sich freuen«, beschreibt eine alte Frau ihr ziemlich spannungsfreies Verhältnis zu Kindern und Enkelkindern.

Die Empfehlung, die ausgefallenen menschlichen Kontakte dadurch auszugleichen, daß man neue Beziehungen aufbaut, ist gut gemeint und grundsätzlich richtig. Die Möglichkeiten dazu sind oft aber begrenzt, und das sowohl bei Neukontakten mit Gleichaltrigen als auch mit der jüngeren Generation. Die Alten tun sich oft schwer miteinander, weil Gewohnheiten, Eigenheiten und manchmal Absonderlichkeiten bei ihnen stark ausgeprägt sein können. Je einsamer ein Mensch geworden ist, desto ausgeprägter werden sie und desto stärker können sie die Kontakte zu anderen belasten.

Und die Jüngeren wirken auf ältere Menschen oft befremdlich, auch wenn sie sie von Kindesbeinen an kennen. Ihre Art zu denken, zu leben oder auch zu glauben ist häufig ganz anders, als sie es selbst gelernt haben und für richtig halten. Das zu akzeptieren erfordert Toleranz sowie die Bereitschaft, die eigenen Vorstellungen nicht für allgemein und allein gültig anzusehen.

Hinter der Ablehnung oder der kritischen Distanz diesem Anderssein der Jüngeren gegenüber steht oft Unsicherheit: Haben wir, weil wir anders lebten, vielleicht falsch gelebt? Haben wir versagt, weil es uns nicht gelungen ist, die Überzeugungen und Wertvorstellungen, die uns und unser Leben prägten, an unsere Kinder weiterzugeben? Und manches Mal mag Neid im Spiel sein darüber, daß die Jungen so selbstverständlich tun, was sie für richtig halten, und wozu man selbst nie den Mut aufbrachte – oder auch nur die Einsicht.

Aber diese Fremdheit ist eine gegenseitige: Auch die Jungen verstehen die Alten nicht immer. Und dies erschwert beiden Seiten, aufeinander zuzugehen.

Da ist schon besser daran, wer seine jahrzehntelang erworbenen Kenntnisse und Fertigkeiten einsetzen und sich nützlich machen kann. »Hilfreiche Großeltern« nennen sich in England Gruppen von Handwerkern und ihren Frauen, die im Ruhestand leben und ihre Hilfe dort anbieten, wo sie gebraucht wird: den Zaun um den Spielplatz wieder herrichten, der jungen Familie beim Anstreichen der Wohnung helfen, die Heizung oder die elektrische Anlage im Gemeindezentrum warten, Kinder zeitweilig betreuen, die Mutter im Haushalt vertreten, wenn ein Baby kommt oder sie auch nur einmal verreisen möchte, Einkäufe erledigen, Ausländern beim Ausfüllen von Formularen helfen, sie als »Rückenstärkung« bei Behördengängen begleiten, dem jungen Meister mit der neueröffneten Werkstatt die Buchführung abnehmen, für wohltätige Zwecke sammeln, Straßenfeste oder Grillpartys für die Anwohner organisieren... Es gibt vieles, womit man sich nützlich machen und woraus man für sich die Überzeugung gewinnen kann, für andere wichtig und nicht überflüssig zu sein.

Aber neben der Bereitschaft dazu und den dafür notwendigen Fähigkeiten und Kenntnissen braucht man auch noch die Gesundheit und die Kraft, es anzufangen und durchzuhalten. Und nicht immer ist Hilfe gefragt.

Sie treffen sich täglich zur gleichen Zeit am Eingang der Kirche, auch an den Tagen, an denen der Gottesdienst ausfällt oder auf den Abend verlegt ist. Dann stehen sie eine Weile beieinander, schauen den Marktleuten zu, wie sie ihre Stände aufbauen und die Ware auslegen, und dann gehen sie über den Platz »frühstücken«.

Mit den anderen Gottesdienstbesuchern wollen sie wenig zu tun haben. Sie grüßen sie, und nur ausnahmsweise reden sie einmal mit ihnen, meistens nach einem Trauergottesdienst. Aber sonst bleiben sie unter sich.

Sie sind die letzten ihrer Generation.

Im Alter werden die Menschen frommer, sagen manche. Und sie meinen, aus Angst vor dem Tod nehmen die alten Menschen Zuflucht zur Religion.

»In unserem Alter«, sagt der ältere der beiden Männer, »ist es ratsam, sich mit ›dem da oben‹ gutzustellen, man weiß ja nie, wann man bei ihm antreten muß. Und wenn einer von uns stirbt, bleiben dem anderen sowieso nur noch die Tauben und der Herrgott. Und vielleicht daß dann und wann einmal die Kinder zu Besuch kommen oder eines der Enkelkinder mal wieder Geld braucht.«

Ob er Angst hat vor dem Sterben? »Eher davor, daß der andere stirbt und ich allein bleibe. Als ich jünger war und noch so vieles wollte, hatte ich mehr Angst. Jetzt bin ich bescheidener, und deswegen ist die Angst nicht mehr so groß. Ich habe mein Leben gelebt. Ich glaube, ich habe mehr Angst vor dem Drumherum, wenn's ans Sterben geht.«

Sie haben gefrühstückt, ein kleines Bier und einen Korn, und jetzt setzen sie ihre Hüte auf und nehmen den Stock zur Hand. »Bis heute nachmittag bei den Tauben im Park.«

Alt und lebenssatt, sagt die Bibel.

Wahrhaftig leben heißt anschauen

Junge Menschen begegnen dem Tod

In der achten Klasse der Schiller-Hauptschule ist es beklemmend still. Die junge Lehrerin hat soeben den achtundzwanzig Schülern mitgeteilt, daß Ulrich tot ist.

Ulrich war Klassensprecher. Am Freitag, beim Sommerausflug, war die ganze Klasse zum Schluß noch im Freibad gewesen. Es war eine Mordsgaudi. Ulrich war dabei, wie immer lebhaft, lustig und laut. Und heute, am Montag...

Die Lehrerin hat versucht, ruhig zu bleiben, den Kindern diese schlimme Nachricht, diese grausame Botschaft gefaßt mitzuteilen. Sie hat es nicht geschafft. Sie sitzt am Pult, die Hände vorm Gesicht, und weint und schluchzt. Sonst ist kein Laut zu hören. Die Kinder sind schockiert. Sind das noch die gleichen Kinder? Die Kinder, mit denen sie vor Tagen über den Tod »aus der Konserve« gesprochen hatte? Es war um Fernseh- und Videofilme und um Computerspiele gegangen – um Krieg und Gewalt, Sterben und Tod.

Das waren sehr interessante, lebendige Unterrichtsstunden gewesen. Die Kinder waren aus sich herausgegangen, hatten sich zum Sprechen, zur Mitarbeit gewinnen lassen. Sie hatten bereitwillig erzählt, was und wieviel sie »glotzen«. Wie toll es ist, auf dem Video besonders »heiße Sachen« beliebig oft zu wiederholen, »bis das Blut aus der Kiste fließt«. Was sollte daran schrecklich sein? Es war doch bloß gemacht, es war doch nicht wirklich so.

Nur ein Mädchen war ihr aufgefallen, Barbara, klein und zart, aber hellwach. Mit leicht zittriger Stimme hatte sie gesagt: »Aber in Bosnien ist es wirklich so.« Und sie hatte erzählt, daß sie nach solchen Nachrichten über Tote und Verletzte nicht gut schlafen könne, verrückte Träume und Ängste habe.

Viele Kinder hatten gelacht. »Was soll's! Da kann man nichts machen. Die Babsi ist ein Seelchen.«

Erst als die Schulglocke schrillt, löst sich die Spannung. Stumm gehen die Kinder nach draußen. Die Lehrerin steht am Fenster. Der helle Sommerhimmel und die singenden Vögel stimmen sie noch trauriger.

Wie spricht man mit Kindern angemessen über den Tod, wenn sie selbst betroffen sind: wenn Angehörige, Freunde, Spielgefährten sterben? Und wenn das alles so plötzlich geschieht, so unbegreiflich ist wie bei Uli? Die junge Lehrerin fragt sich, ob sie im Studium jemals darauf vorbereitet wurde? Nein. Als sie ein Kind war? Da war das Thema Tod tabu.

Als Uli beerdigt wird, besuchen die meisten Kinder zum ersten Mal einen Friedhof. In der Leichenhalle steht der Sarg, er ist noch offen. Einige der Kinder bleiben davor stehen, schauen den Toten an. Ulrichs Haare sind abrasiert. In der Nacht noch, in der er die Gehirnblutung hatte, war er operiert worden. Ist das noch Uli? Schläft er? Was ist Totsein?

Wie geht man gut mit der Wahrheit um, von der die Bibel sagt, daß sie frei mache? Das achte Gebot lautet schlicht: Du sollst nicht falsches Zeugnis geben! Das heißt auch: Du sollst die Wahrheit nicht verdrehen, verschweigen, verleugnen.

Heutzutage sind Sterben und Tod ein großes Tabu, obwohl wir täglich – mehr oder weniger direkt – damit konfrontiert werden. Wie ist es möglich, daß der Tod, der heute beinahe allgegenwärtig ist, so stark verdrängt wird? War das eigentlich immer so? Bedrängt uns der allgegenwärtige Tod heute stärker als vor Jahr und Tag? Weltweites Sterben und meine Todesangst... Sprechen wir aus Furcht nicht darüber?

Es stimmt: Verdrängen hat auch eine schützende Funktion, bei Kindern und Erwachsenen, zu allen Zeiten. Das schließt nicht aus, daß das Verdrängte auch bedrängen oder krank machen kann.

Kann der Mensch, wenn er derart häufig mit Tod und Elend konfrontiert wird wie wir heute, das nur begrenzt aushalten? Muß er sich schützen, indem er all dies aus seinem Leben ausklammert, wegsieht, nicht merken darf oder will? Oder indem er den Spieß umdreht und sich gleichsam einen Spaß daraus macht, den Tod anzugreifen, ihn zu verspotten, ihn im Spiel zu überlisten, als hätte dieser keine Macht?

Solange der Tod nicht nahe ist, mag das möglich sein. Aber wie weit ist er entfernt?

Wir brauchen nur über den Zaun zu schauen: In Europa herrscht ein brutaler Krieg, überall auf der Welt brennt es lichterloh, wird gehungert, gemordet, gestorben. Wir erfahren täglich davon, die Bilder kommen zu uns ins Wohnzimmer: Eine mögliche Atomkatastrophe wird zum »Restrisiko« abgeschwächt, verniedlicht. Wir erfahren, wie viele Menschen jährlich auf unseren Straßen sterben – und wenn es ein paar weniger sind als im letzten Jahr, gilt das als Fortschritt, als ob es trotzdem nicht viel zu viele wären! Wir lesen, wie viele Kinder Opfer von Gewalt sind, wie viele sich das Leben nehmen.

Schneiden wir uns nicht oft das Leben zurecht auf Kosten der Wirklichkeit, zu Lasten der Wahrheit, der Aufrichtigkeit, des wirklichen Lebendigseins? Immer ist Leben ein Auf und Ab, gut und schlecht, hell und dunkel, mit allen dazwischenliegenden Schattierungen.

Wahrhaftig leben heißt anschauen, was ist, es benennen, nicht lügen. Auch Kinder können die Wahrheit sehr wohl verkraften, wenn wir sie teilnehmen lassen am Leben, ihnen in die Augen sehen und ihre Fragen beantworten, so gut wir es vermögen.

Zu sagen: »Ich weiß es auch nicht«, wenn wir es nicht wissen, ist eine gute Antwort. Denn sie läßt Raum, um weiterzusuchen. Müssen wir Großen allwissend sein? Kinder wissen, spüren, ahnen früh, daß wir es nicht sind. Wir können Kinder an die Hand nehmen, solange sie noch klein sind, ihnen zeigen, was das Leben auch ist: Sterben und Ende, Friedhof und Traurigsein. Das Dunkle, Schwere darf man nicht aus dem Leben wischen, sonst gibt es ein böses Erwachen, das Gefühl von Betrogensein.

Es ist Aufgabe des Menschen und seiner würdig, sich Gedanken zu machen, verstehen zu wollen – und dabei an Grenzen zu stoßen, keine Antwort, keine passenden Lösungen zu bekommen, zu spüren, daß das Leben unendlich weit sein kann, daß vieles ungeklärt, geheimnisvoll ist. Lust am Suchen, am Denken, am Dasein einerseits und die Erfahrungen von Grenzen, Tod und Abschied andererseits: Das eine bedingt das andere.

Leila sitzt tränenlos vor mir, erzählt stockend, daß sie vor Jahren mit der Mutter und vier Geschwistern aus dem Libanon nach Deutschland in Sicherheit geflohen ist: vor Bürgerkrieg, Gewalt und Folter.

Vor einer Woche ist Leilas älteste Schwester tödlich verunglückt.

»Ich höre mir stundenlang den Text auf ihrem Anrufbeantworter an«, gesteht Leila. »Sie sagt: ›Ich bin ausgeflogen…, würde mich über eine Nachricht freuen.‹ Warum mußte sie sterben?«

Ich weiß es auch nicht.

»Wo ist sie jetzt?«

Ich bleibe lange bei Leila sitzen, bis sie endlich weinen kann.

Wer weint, ist lebendig.

Sybille, dreizehn Jahre alt, besucht zum ersten Mal unsere Trauergruppe. Ihre Eltern haben sie mitgebracht, weil sie sich keinen Rat mehr wissen. Wie viele Male haben die beiden Erwachsenen in unserer Runde gesessen, ihren Kummer, ihre tiefe Trauer herausgeweint.

Sebastian, fünf Monate alt, war an »Plötzlichem Kindstod« gestorben, ohne Krankheit, ohne Vorwarnung, einfach so. Für uns alle, die wir mittrauern, schwer zu fassen: der frühe Tod von Kindern, der abgeschnittene Lebensfaden! Das Leben, auf Entwicklung, Wachstum, Zukunft angelegt, scheint grausam auf den Kopf gestellt.

Sybille kann nicht weinen. Zurückhaltend, immer höflich, aber steif nimmt sie seit einem Jahr am Familienleben teil. In der Schule ist es nicht anders.

Sie sagt leise ihren Namen, sonst nichts. In der kleinen Gruppe sitzen wir nahe beieinander. Jeder erzählt von sich. Sie muß nichts sagen – dabei sein ist das Wichtigste für uns.

Mir fällt auf, mit wieviel Mitgefühl sie zuhört – es sind für sie doch fremde Menschen. Auf einmal schluckt sie, atmet tief und schwer, streicht sich die dunklen Haare aus der Stirn. Dann erzählt sie uns, wie es war, als ihr Vater ins Zimmer stürzte und schrie: »Unser Baby ist tot!«

Wie es war, als der Notarzt kam, später die Polizei, die sich vergewissern wollte, ob auch niemand den kleinen Bruder umgebracht hatte. Das schreckliche Geschehen der ersten Tage nach Sebastians Tod, die Verzweiflung der Eltern, das Geschrei der kleinen Schwester: »Der Basti soll wieder lachen!« Die Beerdigung.

Sybille erzählt leise, und unaufhaltsam laufen die Tränen, tropfen auf ihr T-Shirt, auf ihre Jeans. Jemand hält ihr ein Taschentuch hin, aber sie schüttelt den Kopf. Sie will sie einfach laufen lassen.

Ein Kind konnte seine Trauer erstmals ohne Hemmungen zeigen, seine Trauer über den Doppelverlust: das Brüderchen und die Eltern – *die* Eltern zumindest, die sie einmal waren.

Nie ist eine Familie so bedürftig, so verletzlich, als wenn ein Kind stirbt. Es ist wie bei einem Puzzle, bei dem ein Stück fehlt, von dem man weiß, es ist für immer weg. Ein Kind ist nicht zu ersetzen – auch nicht durch ein neues Kind. Es wird nie mehr sein, wie es war. Es wird anders sein – irgendwann. Aber dieses Irgendwann ist zunächst nicht in Sicht.

Ich lasse das Mädchen spüren und wissen: Ich gehe mit dir durch die Trauer, leihe dir ein Stück meiner Lebensenergie, lasse dich weinen und wüten, klagen oder hadern. Nur wenn ich auch genug Zeit mitbringe, werde ich dich fragen, wie du dich fühlst. So im Vorübergehen zu fragen, wie es dir geht, das tut nicht gut.

Trauernde, zumal wenn es Kinder sind, brauchen in ihrer schweren Zeit Nähe, keine Belehrung. Trauernde sind so empfindlich. Es bedarf des Mitgefühls. Vielleicht auch der Vermittlung eines Vertrauens in die »Auferstehung«. Das bedeutet, daß allem Lebendigen letztlich eine Kraft innewohnt, die auf Verwandlung und Veränderung zielt, daß der Tod nicht das letzte Wort hat.

Trauern und trauern lassen um des Lebens willen!

Bernhard: siebzehnjährig, unheilbar krebskrank, pendelnd zwischen Krankenhaus und Elternhaus, kahlköpfig zwischen den Mitschülern, abends mit Freunden in der Disco, tanzend und immer deutlicher spürend, daß die Kraft abnimmt, den Kopf voller Fragen, Angst im Herzen...

Die letzte Untersuchung in der renommierten Klinik, Schulterklopfen des Arztes: »Kopf hoch, Junge, das kriegen wir in den Griff!«

Er schaut sekundenlang dem Professor in die Augen, sagt: »Wenn Sie mich für ein Kind halten – auch ein Kind hat Anspruch auf die Wahrheit. Ich weiß ...« Er sagt den Satz nicht zu Ende, bleibt höflich, schont den Doktor.

Draußen nimmt er seine Mutter bei der Hand: »Du mußt lernen, mich loszulassen.«

Sein letzter Wunsch: noch einmal ans Meer, dorthin, wo alles so grenzenlos ist – die Wolken, die Weite, der Wind –, dorthin, wo er als Kind so gerne war. Es war nicht mehr möglich.

Bernhard lebte mit hoher Intensität, kämpferisch und verzweifelt, hoffnungsvoll und ergeben, ein Kind und ein reifer Mann. Er starb, weil er sterben mußte, weil das sein »Schicksal« war. Einmal sagte er das so zu seiner Freundin.

Die letzte Nacht: der Vater an seinem Bett in dem großen Wohnzimmer, wie immer still und betroffen, schweigend, wissend, der Tod steht im Raum, läßt sich nicht abweisen. Die Mutter fürsorglich, unruhig, die Kissen richtend, ein Glas in der Hand. Susanne, seine Zwillingsschwester, schmal in dem großen Sessel. Eine Krankenschwester mit Haube, leise und behutsam gibt sie ihm noch einmal eine Spritze.

Ist alles gesagt?

»Susi, so habe ich es nicht gewollt!«

Ein letztes Auflehnen.

»Vater, räum auf, deck den Tisch!«

Was will er zum Ausdruck bringen?

Zur Schwester gewandt: »Die Bibel, hören Sie, Schwester, sie ist sehr ernstzunehmen.« Er sagt es freundlich und gleichzeitig streng.

Er wendet den Kopf zu seiner Mutter: »Du mußt jetzt stark sein bei der Beerdigung ... Wir haben unsere Arbeit getan, mehr ging nicht. Hol mir die Mütze, meine Handschuhe, die brauch ich jetzt!«

Lange nichts, nur der schwere, rasselnde Atem.

Ein letzter Satz, leise und doch sehr deutlich: »Jetzt mache ich einen Punkt!«

Die vielen Kränze auf Bernhards Grab sind längst verwelkt. Seine Familie trauert, nicht gemeinsam – das kann sie nicht.

Jeder trauert auf seine eigene Art: der Vater still, als wäre nichts geschehen. An den Abenden macht er Fahrten mit dem Motorrad: »Dann schreie ich manchmal, damit ich mir selbst Luft mache. An Trauer kann man ersticken.«

Susanne geht weiter in die Schule, zum Volleyball, zum Musizieren, in die Disco, sitzt allein in ihrem Zimmer.

Die Mutter? Gefaßt und tränenlos am Tag der Beerdigung, doch es ist schlimm für sie, noch immer. Ihr erster Traum nach Bernhards Tod: eine Skipiste, sie steht mit Mann und Tochter am Rand, schaut zu. Bernhard fährt mit hohem Tempo, konzentriert, lebendig und fröhlich an ihnen vorbei, auf den Abhang zu. Die Mütze hat er auf, die Handschuhe an.

Wird sie lernen, ihn loszulassen?

Er hat den Punkt gemacht, endgültig.

Gabrieles Tod

Ein persönliches Protokoll

7. Januar
Anruf von Gabriele zu einer für sie ungewöhnlichen Zeit: sieben Uhr morgens. Ohne Vorrede sagt sie: »Ich war beim Arzt, wie du mir geraten hast, wegen der dauernden Müdigkeit und dem komischen Druck im Bauch.« Dann schreit sie mich an: »Weiß du, was ich haben soll? Was er mir gesagt hat, dieser Typ? Ich solle stationär in die Klinik kommen, weil die Sache abgeklärt werden müsse: Verdacht auf Krebs!«

Pause.

»Sag endlich was!« Ich sage nichts. Sie schreit wieder: »Sag was!«

Ich wußte nicht, was.

13. Januar
Anruf von Gabriele aus der Klinik: »Ich habe Darmkrebs und Metastasen in der Leber. Ich muß operiert werden. Ich bin ganz kaputt!« Sie weint lange.

Ich frage vorsichtig: »Kannst du mit den Ärzten sprechen?«

Sie heult wütend: »Nein! Das geht nicht! Ich bin voller Aggressionen.« Dann ein Schwall von Vorwürfen und schließlich: »Hier bleibe ich nicht!«

17. Januar
Martin (ein Mann aus Gabrieles Wohngemeinschaft, mit dem sie eng befreundet ist) ist am Telefon. Martin ist Arzt. Er teilt mir mit, daß es Gabriele sehr schlecht gehe, er ken-

ne inzwischen die Befunde. Sie wolle wieder arbeiten, das sei absurd. Sie müsse schnell operiert werden, dann könne man ihr Leben vielleicht – an dieser Stelle schluckt er – ein wenig verlängern. Er erkundigt sich, ob ich nicht mal kommen könne: Gabriele habe zwei Nächte lang geweint und ihn aus ihrem Zimmer geworfen.

19. Januar
Zu Besuch bei Gabriele. Sie freut sich. Unser Gespräch geht anfangs über Smalltalk nicht hinaus. Wir machen einen Spaziergang durch den Wald. Alles ist kahl und tief verschneit.

Wir trinken Tee in ihrem Zimmer. Sie schaut mich fragend an. Ich versuche nicht, ihrem Blick – bohrend erscheint er mir – auszuweichen.

»Was wird aus mir?« fragt sie mich beim Abschied an der Tür. Ich weiß keine Antwort. Statt dessen sage ich: »Ich komme wieder!« Sie erwidert:

»Tu das oder laß es bleiben. Das ist mir ganz egal.« Ich hätte sie gern umarmt – es hätte jedenfalls mir gutgetan. Ich habe es nicht getan.

In meinem Auto habe ich erst mal geheult. Danach ging es mir viel besser.

22. Januar
Gabriele teilt mir mit, daß sie sich operieren lassen will, in einer Spezialklinik. Martin, der zwei Jahre lang dort gearbeitet hat, hat es ermöglicht.

31. Januar
Gabriele ist operiert. Sie ist sehr geschwächt, spricht leise ins Telefon, sagt aber voller Hoffnung: »Ich will wieder gesund werden.«

7. Februar
Zu Besuch bei Gabriele, nachdem ich mich vorher vergewissert habe, daß es ihr auch recht ist. »Ja, komm bitte!«

Sie hat enorm abgenommen und sieht durchsichtig aus. Ihre Stimmung wechselt häufig – zwischen Hoffnung und Resignation. Sie arbeitet wieder, diktiert ihrer Sekretärin Briefe und Gutachten, aber sie ist schnell erschöpft und weint viel.

Als ich mich verabschiede, fragt sie: »Wirst du wiederkommen?« – »Klar!« Dann schaut sie mich durchdringend an: »Gehst du mit mir bis zum Ende?« Ich lasse sie spüren, daß ich ihr innerlich ganz nahe bin, berühre sie aber nicht. »Ja, bis zum Ende!«

»Dann ist es gut«, sagt sie nach einer Weile, doch dann: »Gar nichts ist gut, alles ist bescheuert, total bescheuert!«

Bedrückt gehe ich weg.

14. Februar
Ein riesiger Rosenstrauß steht in Gabrieles Zimmer. Ihr Chef ist dagewesen. Sie sagt: »Trag die Blumen hinaus, oder steck sie in den Mülleimer. Hier riecht es wie bei einer Beerdigung!«

Wir sprechen lange über die möglichen Ursachen der Krankheit Krebs, über ihren Krebs. Überall im Zimmer verstreut liegen Bücher über Krebs: medizinische, psychologische, esoterische. Gabriele ist voller Selbstvorwürfe: »Ich habe nicht gesund gelebt, habe vor Jahren Medikamente geschluckt, viel zuviel geraucht!«

24. Februar
Wieder ein Schwall von Selbstvorwürfen. Gabriele erinnert sich an die Jahre ihrer Kindheit, einer schweren Kindheit. An ihren Vater, evangelischer Pfarrer: »Er hat nie wirklich

mit mir gesprochen!« An die Mutter: noch einmal eine Flut von Enttäuschung, Gekränktsein, Zorn. Beide Eltern sind lange tot. »Siehst du«, sagt sie, »ein so wenig versöhnter Mensch bekommt Krebs. Das ist der Grund.«

Gabriele wird von den Leuten aus der Wohngemeinschaft liebevoll umsorgt. Sie erträgt es – mehr nicht. Mit den drei Kindern geht sie sehr vertraut um, sie liest ihnen vor, lacht mit ihnen. »Gut, daß es sie gibt, auch wenn sie viel herumlärmen.«

29. Februar
Gabriele klagt über Schmerzen. Sie spritzt sich selbst ein Mistelmedikament. »Ich bin so schwach, ich glaube, ich werde nicht wieder gesund.«

6. März
Martin hat Gabriele einen Rollstuhl beschafft, weil sie kaum mehr laufen kann. Die Metastasen wachsen, ihr Leib ist ganz geschwollen. Ihre Arme und Beine sind dürr, ihre Augen scheinen immer größer zu werden.

»Gehen wir in den Wald?« Ich schiebe den Rollstuhl neben ihr her. Sie will ihn nicht.

14. März
Gabriele erzählt mir von einem Traum: »Ein schöner Traum, wunderschön! Ich bin in einer wunderbaren Landschaft unterwegs. Ein weißer Weg führt hindurch, der eine Teil liegt im Schatten, der andere in der Sonne. Ich trage eine weiße Hirtenjacke, ganz toll, ewig schon wollte ich so eine Jacke! Zwei schöne Weidenkörbe stehen vor mir, richtig schön sind sie, aber sehr schwer. Da kommt doch jemand und schneidet von beiden Körben die Henkel ab. Ich denke im Traum: ›Wie soll ich jetzt die Körbe tragen?‹ Da werde ich wach.«

Wir sitzen beisammen, bis es dunkel ist.

15. März
Gabriele ist wieder im Krankenhaus. Auf Drängen ihrer Freunde und ihrer Schwester, die aus Norddeutschland gekommen ist, hat sie sich zu einer Chemotherapie entschlossen.

18. März
In der Nacht ein Anruf von Martin: Gabriele liegt auf der Intensivstation, sie hat Wasser in der Lunge, bekommt keine Luft. Martin spricht hastig, dann weint und schluchzt er und entschuldigt sich, er sei überarbeitet, der Nachtdienst... Dann sagt er, was ihn eigentlich bedrückt: »Es ist das erste Mal, daß ein Mensch stirbt, den ich schon so lange kenne und den ich liebe.«

22. März
Ich besuche Gabriele in der Klinik. Sie hat die Chemotherapie abgebrochen. »Ich kotze mir die Seele aus dem Leib! Das will ich nicht, das mag ich nicht, das hasse ich!«

28. März
Gabriele ist wieder daheim. Ihre Schwester Sabine ist bei ihr. Als wir einen Moment lang allein sind, fragt Sabine mich vorwurfsvoll, warum ich ihre Schwester nicht ermutige, gegen die Krankheit zu kämpfen. Wir führen daraufhin ein gutes Gespräch. Als ich gehe, denke ich: Sabine ist da und wird mit Gabriele lernen, Abschied zu nehmen. Hoffentlich bleibt ihnen noch ein bißchen Zeit.

April
Regelmäßig zu Besuch bei Gabriele. Sie bekommt Morphium, hat deshalb nicht mehr so starke Schmerzen, sie schläft viel.

»Ich kann nichts mehr tun«, sagt sie eines Tages. »Ich

muß wohl alles stehen und liegen lassen. Was soll nur aus meiner Arbeit werden, aus all den Menschen, mit denen ich zu tun hatte?«

2. Mai
Sabine hat mich telefonisch gebeten, zu kommen: Gabriele sei so unruhig. Wir sind allein im Zimmer. Gabriele weint lange, sie kann sich gar nicht fassen. Sie macht sich große Sorgen: um ihre Arbeit, um Sabine und Hannah. Wie werden die beiden ohne ihre Unterstützung weiterleben?

Hannah, sieben Jahre alt, ist Sabines uneheliche Tochter. Damals hat Gabriele ihre Schwester ermutigt, das Kind auf die Welt zu bringen und es zu lieben. Sie hat ihre Unterstützung und Hilfe versprochen, gemeinsam haben sie Pläne für die Zukunft geschmiedet...

9. Mai
Gabriele, Sabine, Martin und ich sitzen beieinander. Ich habe Gabriele einen großen, bunten Schmetterling gebastelt. Sie freut sich darüber, und Martin hängt ihn über ihr Bett.

16. Mai
Gabriele sitzt in ihrem Rollstuhl am offenen Fenster und lacht mich an: »Ich lebe immer noch!« Ich habe ihr Mokassins mitgebracht: Nach einem alten indianischen Brauch erhält jeder, der die letzte große Reise antritt, neue Mokassins geschenkt. Und für Indianer hat sich Gabriele immer interessiert.

Wir sprechen über Gott und die Welt, ich lese ihr Gedichte vor. »...und meine Seele spannt weit ihre Flügel aus...«

31. Mai
Hannah ist von Freunden gebracht worden, aber Sabine will sie nicht zu Gabriele lassen. Sie will nicht, daß die Kleine erschrickt, weil Gabriele sich äußerlich so verändert hat. Das Kind soll geschützt werden. Gabriele nickt und weint.

Ich spiele mit Hannah, wir pflücken Gänseblümchen. Hannah fragt mich, ob ich auch vor Ehle erschrecke, und ich antworte: »O nein! Ihre Stimme ist immer noch die gleiche.«

Hannah will zu Ehle, sie darf, fliegt ihr an den Hals. Gabriele ist glücklich. »Ich habe dich an der Stimme gleich erkannt«, sagt Hannah zärtlich. Dann plappert sie weiter: »Mensch, Ehle, du bist klapperdürr, so kriegst du keinen Mann, aber du brauchst ja auch keinen, weil du wohl bald sterben wirst.« Wir lachen alle, und Gabriele zeigt Hannah die Mokassins.

Wir essen gemeinsam eine Birne, jeder ein kleines Stück. Die Abendsonne scheint ins Zimmer, Gabriele ist eingeschlafen, mitten im Gespräch, der Schmetterling bewegt sich leise, und Hannah sagt: »Hier ist es mir zu langweilig.«

3. Juni
Spät am Abend zu Besuch bei Gabriele. Sie möchte mit mir allein sein. »Kurz«, sagt sie bittend zu ihrer Schwester. Ich frage: »Hast du einen Wunsch?« – »Nicht einen«, erwidert sie, »drei«, und wir sprechen darüber. Ich bin mir nicht sicher, ob ich auch ihren dritten Wunsch werde erfüllen können: »Ja, ich werde mich um Sabine und um Hannah kümmern, aber nur, wenn sie es auch selbst wollen.«

Ich sitze auf ihrer Bettkante. Gabriele möchte von mir mehr über Hospiz wissen, also erzähle ich ein wenig.

6. Juni
Martin ruft an, erzählt, Gabriele werde immer wieder bewußtlos, und will wissen, ob ich noch einmal käme.

Am Spätnachmittag bin ich bei ihr. Sie sieht ganz durchsichtig aus und ist bewußtseinsklar – ein schönes Gesicht. »Gut«, sagt sie, »daß wir uns noch einmal sehen. Wir müssen uns noch voneinander verabschieden.« Sie hat die Mokassins im Arm, an den Füßen kann sie sie nicht tragen, weil sie zu geschwollen sind. Sie hält meine Hand fest. Ich hocke vor ihrem Bett, da nimmt sie meinen Kopf und streichelt ihn. »Adios«, sagt sie leise.

Als ich gehe, schläft sie. Sabine sagt: »Sie ist schon unterwegs.« Und weint.

7. Juni
Ich rufe bei Gabriele an, Sabine ist am Telefon: »Vor zwei Minuten hat Gabriele ihren letzten Atemzug getan.« Dann lange nichts, nur leises Weinen. Ich hole tief Luft und sage: »Wissen wir denn, ob das Leben nicht das Totsein und das Totsein nicht das Leben ist?« Dieser Satz von Euripides war vor vielen Jahren Gabrieles Aufsatzthema im Abitur, und wir haben öfter über diesen Satz gesprochen.

Nachdem ich den Hörer aufgelegt habe, habe ich den Wunsch alleinzusein, in den Wald zu gehen oder nur mit meinem Mann zusammenzusein. Aber nichts von alledem.

Der fünfjährige Markus reißt die Tür auf, in der Hand hält er eine Wasserpistole, spritzt mich naß und ruft: »Helli, komm in den Garten! Wir haben alle eine doll gute Laune!«

Wie sagt doch Erich Fried: Es ist, was es ist.

11. Juni
Heute war Gabrieles Beerdigung. Eine gewöhnliche Beerdigung für eine ungewöhnliche Frau. Viele Kinder waren

dabei, Jugendliche, Gabrieles »Familien«, Martin, Sabine und Hannah. Vielen wird Gabriele fehlen – mir auch. Als ich in den Abend hineinfuhr, schien noch die Sonne, das junge Laub glänzte in den Bäumen. Eine Strophe aus einem Rilke-Gedicht kam mir in den Sinn:

Doch als du gingst, da brach in diese Bühne
Ein Streifen Wirklichkeit durch jenen Spalt,
Durch den du hingingst: Grün wirklicher Grüne
Wirklicher Sonnenschein, wirklicher Wald.

Heilen – unheilbar

Krankheit, Sterben und Tod aus ärztlicher Sicht

»Heile, heile Segen, drei Tage Regen...« heißt die Zauberformel der Kindheit: Das Knie tut nur noch halb so weh, die Wunde blutet nur noch halb so schlimm, sobald der beruhigende Gesang ertönt und das Kind sich auf den Schoß seiner Mutter flüchten kann. Ein geschützter Ort, ein vertrauter Mensch, der mit einer »Zauberformel« das Leid »wegpustet« – das bleibt unser Bedürfnis, auch wenn wir längst keine Kinder mehr sind.

Jakob ist acht Jahre alt, als die Windpocken im Dorf umgehen. Zunächst erwischen sie nur den Freund arg, er selbst glaubt sich verschont: »Ich kriege die nicht!« Seine Stimme klingt hoffnungsvoll und beschwörend zugleich. Doch sie überfallen auch ihn. Übersieht er die ersten kleinen Pusteln noch hartnäckig als »Kratzer«, gelingt das bald nicht mehr. Überall, auch an den empfindlichsten Körperstellen, schießen sie hervor. Heftig wehrt er sich gegen jeden neuen Zentimeter befallener Haut: »Bis hierher und nicht weiter.« Doch umsonst: Die Bläschen kriechen buchstäblich in jeden Winkel und jucken bis zur Schmerzgrenze. »Ich will nicht, sie sollen mich in Ruhe lassen...«

Sich nicht mehr »seiner Haut erwehren« können, sagen wir sinnbildlich... Vorstellungen des Kindes von elterlicher und eigener, gleichsam magischer Allmacht stoßen hier an eine erste Grenze: Der Erfahrung von Schmerzen, die ein Drüberpusten der Mutter noch »wegzaubern« konnte, steht nun eine andere gegenüber: Man kommt nicht mit heiler Haut davon, es wird einem das gleiche Schicksal wie anderen widerfahren – ein erster Abschied von Unversehrtheit, einer der vielen noch anstehenden »kleinen Tode im Leben«, die dem endgültigen vorangehen.

Die kleinen Wehwehs, die Kinderkrankheiten, das Halsweh, der Husten gehen vorüber, meist ganz von alleine. Bettruhe, Hustensaft und etwas zum Einreiben sind vergleichsweise harmlose Medizin, ein schulterklopfendes »Es wird schon wieder« des Hausarztes klingt glaubhaft, die Familie bleibt gelassen. Da kann sich die anfängliche Panik des kleinen Patienten schnell wieder legen. Und das Kranksein hat ja auch seine positiven Seiten: Die Mutter bleibt zu Hause und nimmt sich viel Zeit. Sie kocht die Leibspeise des kranken Kindes und liest ihm seine Lieblingsgeschichten vor: Verwöhntwerden für ein paar Tage, und dann ist alles wieder gut.

Ganz anders ist es, wenn der Arzt besorgt schaut – wird es wirklich wieder? –, wenn die Angehörigen spürbar beunruhigt sind und der Patient selbst fühlt, daß irgend etwas nicht stimmt.

Die lebhafte zehnjährige Inge ist in diesem Frühjahr anders als sonst, muß häufig mitten im Toben mit den Freundinnen aussetzen, um zu trinken, soviel Durst hat sie; sie fühlt sich müde und schlapp. Nein, es kommt nicht vom Wachsen, und Frühjahrsmüdigkeit ist es auch nicht, wie die Eltern anfänglich hoffen. Die Ärztin erklärt ihnen, was sie zunächst kaum glauben können: Inge ist zuckerkrank – eine ernste Stoffwechselstörung, die, seit es das Insulin gibt, zum Glück behandelbar ist. Doch: Ursächlich heilen kann man sie bis heute nicht. Inge muß ihre Gewohnheiten und ihren Tagesrhythmus von einem Tag auf den anderen völlig umstellen, darf nicht mehr drauflosessen, was ihr schmeckt, muß ihre Blutzuckerwerte zweimal am Tag kontrollieren und sich das lebensnotwendige Insulin, das ihr Körper nicht ausreichend selbst herstellen kann, spritzen. Sie wird ein einigermaßen normales Leben führen können, auch wenn Schwankungen des Blutzuckers Bedrohliches nicht ausschließen.

Doch eine gewisse Sorge bleibt und ist auch den Eltern stets anzumerken. Der Lebensradius des Kindes ist spürbar eingeschränkt: kein Eis am Stiel auf dem Schulausflug, kein Die-Zeit-Vergessen, statt dessen ein Leben nach der Uhr – wann ist die nächste Kontrolle fällig, wann die nächste Mahlzeit, wieviel darf sie essen... In der Arztpraxis wird Inge nun ein regelmäßiger Gast. Auch wenn sie sich oft wünscht, so unbekümmert wie die Freundinnen leben zu können, spürt sie doch, daß ihr Körper das Einhalten von Diätregeln und die täglichen Spritzen braucht. Jeder »Leichtsinn« macht sich körperlich bemerkbar und läßt sich an den Zuckerwerten ablesen, da hält sie sich lieber an die Vorschriften. Mit der Ärztin verbindet sie bald eine gute Partnerschaft.

Bei einer Patientin wie Inge kann die Ärztin ihren Beruf so ausüben, wie sie sich das einst als Medizinstudentin vorgestellt und gewünscht hat: rasch herauszufinden, was den Patienten krank macht, um dann mit der bestmöglichen Therapie zu beginnen, mit der die Krankheit zu heilen ist oder, wenn das wie bei Inge nicht möglich ist, mit der, zumindest vorläufig, Schäden zu verhindern sind. Die nächste, schon viel schwierigere Aufgabe ist es, den Eltern und Inge selbst mitzuteilen, daß die Krankheit lebensgefährdend ist und sie ein Leben lang begleiten wird. Angst und Schuldgefühle, das Grübeln über das Warum und Woher, das Hadern mit dem Schicksal müssen von der Ärztin aufgefangen werden. Geduld und Einfühlungsvermögen in die Situation der jungen Patientin und der ganzen Familie sind hier vonnöten.

Doch steht die Ärztin bei dieser Aufgabe nicht mit leeren Händen da. Sie hat ja etwas anzubieten: ein wirksames Gegenmittel, bewährte Verhaltensvorschriften, mit denen sie ihre Patientin für lange Zeit vor ernsten Komplikationen der Krankheit schützen kann. Selbst wenn sie Inge nicht mehr ganz gesund machen kann – sie kann die Zuckerkrankheit ihrer jungen Patientin behandeln und so ihr Leben behüten. Für Eltern und Tochter wird sie zur unentbehrlichen Ratgeberin, ja zur Freundin.

Zu einer Kampfgemeinschaft wird die Partnerschaft zwischen Arzt und Patient dann, wenn noch bedrohlichere Krankheiten bekämpft werden müssen: etwa wenn sich bei einer Blutvergiftung die Krankheitserreger überall im Körper ausbreiten oder wenn entartete Zellen zu einem Tumor heranwachsen und dieser die Organe des Körpers zu verdrängen und zu zerstören droht. Hier begegnet der Arzt dem Angriff der Tumorzellen mit allen Waffen der modernen Medizin. Mit radikalen Operationen, mit radioaktiven Bestrahlungen und Chemotherapie, mit Giften zur Eindämmung der Zellvermehrung geht er zum Gegenangriff über. Damit besteht die Chance, der feindlichen Invasion von Krebszellen Einhalt zu gebieten und sie zu vernichten.

Doch was Tumorzellen tötet, greift oft auch gesunde Zellen des Körpers an: Haare fallen aus, die Zahl der Blutzellen verringert sich, Durchfälle, Erbrechen und Schmerzen treten auf, Blutungen und Infektionen können sogar das Leben des Patienten akut gefährden. Der Körper wird zum »Schlachtfeld«, und wer Sieger bleibt, ist ungewiß. Wird der therapiebedingte Schaden an vorher gesunden Organen zur zusätzlichen Quelle von Krankheit und Qual, taucht die Frage auf, ob die aggressive Therapie wirklich sinnvoll war. Geht der gemeinsame Kampf von Arzt und Patient gegen den Tumor verloren, fällt die Antwort Ja sicher schwerer als dann, wenn sie die Sieger sind. Die Chancen dafür sind dank solcher aggressiven Therapien bei vielen Krankheiten sehr stark gestiegen.

Die Diagnose einer akuten Leukämie zum Beispiel kam

früher einem Todesurteil gleich, da die Patienten nur wenige Monate überlebten. Die moderne Chemotherapie mit zytostatischen Mitteln und die Knochenmarkstransplantation sind unzweifelhaft mit teilweise großen körperlichen und seelischen Belastungen für den Patienten verbunden, doch haben sie nicht nur die Überlebenszeit dieser Patienten wesentlich verlängert, sondern lassen bis zu fünfzig Prozent der Patienten wieder völlig gesund werden. Allerdings kann niemand vorhersagen, ob der einzelne Patient bei dieser statistischen Eins-zu-eins-Chance nach der Therapie zu den Siegern oder zu den Verlierern gehören wird.

Und was ist, wenn die Heilungschance für eine Krankheit trotz aller aggressiven Therapie mit vielleicht eins zu zwanzig nur sehr gering ist? Soll diese kleine Chance auch dann genutzt werden, wenn die Therapie selbst neues Leiden verursachen wird? Wie ist es dann um die Kampfgemeinschaft von Arzt und Patient bestellt?

Lore K., Ende Dreißig, hat Jahre einer schwierigen, kinderlosen Ehe hinter sich: »Nach dem autoritären Vater kam der autoritäre Ehemann.« Doch sie kann sich schließlich daraus befreien, der Beruf, ein gutes Klima am Arbeitsplatz, die Freunde helfen ihr dabei. Schon glaubt sie, es geschafft zu haben, als sich krampfartige Leibschmerzen einstellen. Eine sofortige Operation fördert einen hochgradig bösartigen Unterleibstumor mit ersten Zellabsiedlungen im Bauchraum zutage, was die Aussicht auf Heilung fast hoffnungslos erscheinen läßt. Die Ärzte wollen mit Chemotherapie und massiver Bestrahlung dennoch einen Versuch wagen. Die Nebenwirkungen dieser Therapie sind einschneidend, langwierig und schmerzhaft.

Freunde, die Lore in der Krankheit begleiten, fragen sich oft, ob sie selbst das aushalten würden, ob sie nicht längst aufgegeben hätten? Lore aber gibt nicht auf. Erstaunlich gelassen, fast stoisch macht sie alles mit, was die Ärzte für sie beschließen, und klagt nicht, selbst als die Folgen noch so unangenehm sind – für sie besitzen die Ärzte eine Autorität wie einst der Vater. »Sie werden schon wissen, was für mich gut ist«, sagt sie. Sie selbst will gar nicht so genau hinschauen, will sich nicht über Risiken und Chancen aufklären lassen. Lore K. ahnt zwar, was auf dem Spiel steht, jedoch schützt sie sich unterbewußt, wenn sie nicht zu viel wissen will.

Auf ihre Ärzte wirkt sich dieses absolute Vertrauen positiv aus: Sie fühlen sich herausgefordert, setzen sich mit ganzer Kraft ein und nehmen sich ihrer Patientin besonders an. Sie dankt es ihnen, indem sie an ihnen nicht die Enttäuschung und den Zorn über ihr Schicksal ausläßt. Auch so kann eine einvernehmliche Arzt-Patient-Gemeinschaft aussehen, mit der der Kampf gegen die Krankheit aufgenommen werden kann.

»Sterben war für mich einfach noch nicht dran«, sagt Lore K. später, »ich hatte noch Leben vor mir.« Sie ist heute, fast zwei Jahrzehnte danach, von ihrem Tumor geheilt, reist jeden Sommer in einen anderen Winkel der Erde und sagt: »Es hat sich gelohnt.«

Hanne, Ende Fünfzig, Lektorin an einer Universität, läßt eine Routineuntersuchung durchführen. Zum Semesteranfang wieder fit zu sein entspricht ihrem stark ausgeprägten Pflichtbewußtsein. Arbeit und Familie sind ihr wichtiger als das eigene Befinden. So hat sie immer gelebt, hat vier Kinder großgezogen, ehe sie wieder in den Beruf ging. Nie war sie ernsthaft krank gewesen, nie hatte sich bei Vorsorgeuntersuchungen ein krankhafter Befund ergeben. Doch diesmal war es anders: Ein relativ unauffälliger, kleiner dunkler Fleck am Oberschenkel war dem Arzt aufgefallen, er hatte ihn herausgeschnitten und untersuchen lassen. Der Befund gibt ihrem Leben eine schicksalhafte Wende: Es ist ein bösartiger Hauttumor.

»Fünfzig Prozent sind die Chancen auf Überleben«, lautet die zögernde Auskunft des Arztes auf die hartnäckigen Fragen seiner Patientin, die, wie sie selbst sagt, es ganz genau wissen will; sie macht sich auch selbst aus Büchern über ihre Krankheit kundig. Nur eines können Ärzte und Bücher ihr nicht sagen: Auf welche Seite würde das Los sie schlagen?

Aufgeben ist nicht ihre Sache, geht gegen ihre Vorstellung von Disziplin, und sie hat im Leben gelernt, neue Situationen anzupacken. Anders als Lore K. möchte sie selbst bei dem, was jetzt mit ihr zu geschehen hat, mitreden dürfen, möchte sich selbst die Entscheidung vorbehalten, wie weit zu gehen sie gewillt ist. Diese aufgeklärte Haltung gegenüber der Krankheit, dieses fast übergenaue »Wissen« bringt aber auch viel Angst mit sich. Und: Solche Entscheidungen selbst treffen zu müssen macht einsam. Sie braucht einen Arzt, der viel Zeit aufbringt für ihre Fragen, ihre Bedenken und ihre Zweifel.

Zeit ist die vordringlichste »Medizin«, die ein lebensbedrohlich erkrankter Mensch von seinem Arzt benötigt. Das beginnt schon mit der Aufklärung des Patienten über die Wahrheit seiner Erkrankung. Dieser Aufgabe wird der Arzt weder damit gerecht, daß er dem Patienten in einer Viertelstunde Art und Verlauf seiner Krankheit, ihr gegenwärtiges Stadium und die statistische Fünfjahresüberlebensrate mit technischer Präzision im Stil der Beipackzettel von Medikamenten schildert, noch damit, daß er den Ernst der Situation mit einem flüchtigen Darüberhinwegreden vertuscht und verharmlost.

Und auch mit einem einzigen Gespräch ist es natürlich nicht getan. Denn einerseits können viele Patienten ihre Krankheitssituation schon vor der Aufklärung durch ihren Arzt einigermaßen realistisch einschätzen, andererseits sind sie nach einem solchen Erstgespräch, auch wenn sich der Arzt alle Mühe gegeben hat, die Lage richtig zu schildern, keineswegs immer wirklich über ihre Erkrankung im Bild. Kurz gesagt: Der Kranke weiß zuvor mehr und danach oft weniger, als der Arzt vermuten mag.

Oft fühlen ja Menschen schon unbestimmt, was mit ihnen los ist. Bei diesem Gefühl kann der Arzt anknüpfen und dem Patienten vorwiegend auf der emotionalen Ebene begegnen. Und auch wenn dem Patienten schon einmal alles über seine Krankheit Wissenswerte gesagt worden ist, wird er danach immer wieder zwischen Zuständen des Wissens und des Nichtwissens hin und her pendeln. Es ist kaum zu erwarten, daß der Kranke auf die Hiobsbotschaft »Krebs« rational reagiert, selbst wenn er sie insgeheim erwartet hat. In dieser Situation wird der Arzt oft am Patienten, ja selbst an dessen Angehörigen vorbeireden, wenn er versucht, »objektiv« über Heilungschancen und Therapieversuche zu sprechen, während diese nur noch »Tod«, »aus«, »Ende« hören.

Dabei sagt die objektive Diagnose ja noch nichts darüber aus, wie der Betroffene diese Krankheit subjektiv körperlich und seelisch bewältigen wird. Körper und Seele hängen wechselseitig voneinander ab beziehungsweise wirken aufeinander ein, so etwa psychische Faktoren auf die körpereigene Abwehrlage.

Wiederholte Gespräche werden also notwendig sein, in denen der Arzt auch ein Stück Lebensgeschichte seines Patienten kennenlernen und herausfinden wird, wo dieser sich gerade innerlich aufhält, wie er dort zu erreichen ist und auf was er sich einlassen kann – sei es im Mitmachen bei der Therapie, sei es im Annehmen von Unvermeidbarem.

Wichtig bei diesem gemeinsamen Weg ist es, daß der Patient das Tempo angibt, und nicht der Arzt oder die Angehörigen. Je mehr sich der Arzt und die dem Patienten nahestehenden Menschen Zeit nehmen, um so eher wird dieser sein eigenes Schicksal, soweit das noch möglich ist, in die Hand nehmen und die ihm verbleibende Zeit, auch im Fall einer bösartigen, zum Tod führenden Krankheit, noch gestalten können.

Doch wird das Verhältnis zwischen Patient und Arzt nie ganz spannungsfrei sein. So wie der Arzt ins Leben hilft und am Leben erhält, so ist er ja auch der, der dem Kranken die Schwere seiner AIDS- oder Krebserkrankung bestätigen und am Ende seinen Tod feststellen muß. Dem, der angetreten ist, zu heilen und Leben zu retten, bleibt der Tod wie ein Schatten auf den Fersen. Der Arzt ist, wie Georg Groddeck es ausdrückt, auch der »Totengräber«, der »gute Ernte für den Tod« hält.

Nehmen Arzt und Patient den Kampf gegen eine bösartige, aber nicht hoffnungslose Krankheit auf, kann er gewonnen oder verloren werden. Geht er gut aus, gewinnt der Patient sein Leben, und der Arzt sieht sich in seiner optimistischen Grundhaltung bestätigt, ohne die er nicht handlungsfähig ist und aus der er seinen Kampfeswillen schöpft. Mit dieser positiven Grundhaltung kann er auch den Patienten bestärken, seinerseits den Kampf aufzunehmen – so, wie es der über achtzigjährige Elias Canetti in einem Rundfunkinterview annähernd so ausgedrückt hat: »Der Tod ist erst einmal mein Feind...«

Fühlt sich der Arzt allerdings zu sehr als Sieger, und vergißt er, daß an einem guten Ausgang – sei es das Überleben oder ein »guter Tod« – auch der Patient entscheidend beteiligt ist, gerät er in die Gefahr, sich selbst zu überschätzen und zum einseitigen »Macher« zu werden. Die Kehrseite dieses Verhaltens ist Resignation, in die er dann verfällt, wenn der Kampf beim nächsten Patienten verlorengeht und er sich als alleiniger Verlierer und damit als Versager sieht. Diese Resignation kann in Gleichgültigkeit, ja sogar in Feindseligkeit umschlagen, wenn sein Patient trotz aller ärztlicher Anstrengungen stirbt. Ein junger Arzt, der auf einer Intensivstation rund um die Uhr für das Überleben seiner Patienten streitet, hat das einmal mit den Worten ausgedrückt: »Wenn ein Patient stirbt, wird er zu meinem Feind.«

Der Arzt kann auch zum »Todesengel« werden, wie es ein junger, an einer Blutkrankheit sterbender Student nach der Visite eines erfahrenen Tumorspezialisten ausgedrückt hat. Auf die Frage, was er damit meine: »Dem ist das Lächeln ins Gesicht gefroren, nein, es wird eher breiter, je hoffnungsloser mein Zustand ist und je mehr er beteuert: ›Es wird schon wieder!‹« Dieser Arzt war wahrscheinlich weder ein Zyniker noch ein Sadist, er hatte sich ein Leben lang darum bemüht, Krankheitsursachen aufzudecken und Gegenmittel zu erforschen. Das Nicht-mehr-handeln-Können aber ließ ihn zum »hilflosen Helfer« (Wolfgang Schmidbauer) werden.

Der Arzt hat das Erkennen, Behandeln und Heilen von Krankheiten im Studium und in der Zeit seiner Fortbildung gelernt, doch kaum, mit der Schicksalhaftigkeit des Lebens umzugehen und das Wissen um die eigene Sterblichkeit in sein ärztliches Denken und Handeln zu integrieren. Hier ist der Arzt, wie sein Patient, ein Kind seiner Zeit mit all ihren Tabus und Ängsten.

Und ebenso wie andere Menschen mag er beim Tod seines Patienten ganz kurz auch eine Art von Erleichterung verspüren, daß er selbst »noch einmal davongekommen« und von dieser Krankheit verschont geblieben ist. Zugleich fühlt er so etwas wie Schuld, selbst noch gesund zu sein. Daß es auch einmal ihn treffen wird, das weiß er, aber verdrängt es schnell wieder, um, wie er meint, »handlungsfähig« zu bleiben.

Aus ganz ähnlichen, unbewußten Motiven meiden Angehörige, Freunde oder Nachbarn manchmal einen Kranken, dessen Lage aussichtslos erscheint: Auch sie verspüren häufig so etwas wie Schuld, sich selbst noch so voller Leben zu fühlen, wo anderes Leben zur Neige geht, auch sie werden an die eigene Sterblichkeit gemahnt und gehen ihr aus dem Weg.

Für den Arzt aber gibt es kein andauerndes Ausweichen, er muß sich den Fragen und dem Entsetzen des Kranken und seiner Angehörigen stellen. Auch Scham verspürt er, über seinen Patienten etwas so Intimes zu wissen wie dessen herannahenden Tod. Er macht sich Vorwürfe, den hilfesuchenden Patienten, der alle Hoffnungen auf ihn gesetzt hat, zu enttäuschen – ein Gefühl, das sogar in Aggression gegenüber dem Hilfesuchenden umschlagen kann, der ihn in eine solche Lage gebracht hat. Und häufig ist auch Trauer dabei, einen vielleicht schon länger vertrauten, liebgewonnenen Menschen verlieren zu müssen.

Unter der Idealvorstellung, alles heilen zu können, ist der Arzt ja einmal voller Optimismus angetreten – »unheilbar« heißt häufig die Realität, die er manchesmal nicht akzeptieren will. Dieses Problem ist allen im Heilberuf Tätigen gemeinsam. Beide »Rollen« in sich zu vereinen, den Arzt, der eine Krankheit erkennt und heilt, und den anderen, der eine Krankheit zwar auch erkennt, aber sie nicht heilen, in vielen Fällen auch kaum mehr behandeln kann, ist schwer.

Wie den Eltern eines jungen Mannes beibringen, daß das, was einem anderen Menschen vielleicht noch zum Weiterleben helfen konnte, ihrem Sohn nicht mehr hilft? Wie damit zurechtkommen, daß die Heilerfolge bei der Hodgkinschen Erkrankung zwar insgesamt deutlich gestiegen sind, aber der Krankheitsverlauf dieses jungen Patienten wider alle Erwartung nicht mehr beeinflußbar ist?

Kann das dann dazu führen, daß manchmal selbst an

Todgeweihten noch mit allen Mitteln und um jeden Preis – etwa den einer allerletzten Chemotherapie, wo schon die letzten nicht mehr geholfen haben – behandelt wird? Wird manchmal die Grenze zwischen noch berechtigter Zuversicht und gerade noch segensreichem Handeln auf der einen Seite und unseliger Überaktivität auf der anderen Seite nicht entschieden genug gezogen? Es verletzt die Würde Sterbender zu vergessen, daß es sich um das eigenständige Leben und Sterben eines anderen Menschen handelt, das keineswegs nur aus der Hand des Arztes lebt oder stirbt!

Allerdings hieße es, es sich zu leicht machen, Unsensibilität im Umgang mit unheilbarer Krankheit und Sterbenden nur bei den Medizinberufen zu sehen und nicht bei uns allen. Erst wenn wir Tod und Sterben nicht mehr aus unserem Denken verbannen und zu einer Sicht des Lebens als »Sein zum Tod« (Martin Heidegger) kommen, wird der Todkranke und Sterbende bei uns und bei seinem Arzt gut aufgehoben sein. Auch sollten wir aufhören, von den Ärzten, dem Pflegepersonal und den Geistlichen, die sich um die Kranken professionell kümmern, einen Umgang mit Sterben und Tod zu verlangen, den wir selbst nicht leisten. An diese stellen wir den überhöhten Anspruch eines weisen, heilsamen Umgangs mit sterbenden Menschen und menschlicher Sterblichkeit und erwarten die angemessene Balance im Umgang mit der Wahrheit – schonend-wahr und doch Hoffnung lassend!

So verständlich diese Erwartung auch ist, wir vergessen dabei, daß der Mensch selbst, auch wo er nicht Hand an sich legt, den Zeitpunkt seines Todes mitbestimmt und daß die »Helfer« der eigenen Hinfälligkeit ähnlich hilflos ausgesetzt sind wie wir alle, daß sie keine anderen oder besseren geistigen Quellen zur Stärkung haben, als sie die Gesellschaft im allgemeinen hat, und daß auch sie tabuisieren, was ihnen angst macht.

Kehren wir vom Arzt, der nicht heilen kann, zu seinen Patienten zurück, deren Leiden nicht heilbar ist. Für sie gilt, was Goethe über das Altwerden gesagt hat: »Älter werden heißt selbst ein neues Geschäft antreten. Alle Verhältnisse verändern sich, und man muß entweder zu handeln ganz aufhören oder mit Willen und Bewußtsein das neue Rollenfach übernehmen.« Ob eine Stoffwechselkrankheit in der Jugend oder ein Unfall, der an den Rollstuhl fesselt, ob ein Nierenversagen, das lebenslang von der Dialyse abhängig macht, oder eine Multiple Sklerose: Will man sein Schicksal annehmen, wird eine Umstellung auf eine veränderte Lebenssituation, auf ein Leben mit der Krankheit unumgänglich.

Eine Diagnose, die den baldigen Tod bedeutet, löst bei manchen Menschen Auflehnung und Zorn aus; aber auch Depression als Reaktion auf die Todesbotschaft kann zur Grundstimmung werden. Es war das Verdienst von Elisabeth Kübler-Ross, daß sie die Aufmerksamkeit auf das lenkte, was Sterbende bewegt. Im Umgang mit Menschen, deren Lebensfrist spürbar begrenzt ist, wird es immer wieder notwendig sein, sich darauf zu besinnen, in welcher existentiellen Ausnahmesituation sie sich befinden. Auch wenn Sterben alltäglich ist – für den, den es betrifft, ist es einmalig.

Der alleinlebende Viktor F., Anfang Vierzig, ist von Schmerzen gepeinigt, kann wegen einer faustgroßen Geschwulst an der Wirbelsäule nicht liegen und sich kaum auf den Beinen halten, so geschwächt ist der einst kräftige Mann von seiner tödlichen Krankheit. Doch was ihn fast noch mehr quält und ihm, wie er sagt, »den Rest gibt«, sind äußere Umstände. Alles scheint sich gegen ihn verschworen zu haben: Seine Firma kündigt ihm unter einem Vorwand – das trifft ihn hart, denn sein Beruf hat ihm alles bedeutet; dagegen zu klagen fehlt ihm bereits die Kraft. Die

Krankenkasse steuert ihn aus; bei der Rentenstelle heißt es, vor einem halben Jahr brauche er nichts zu erwarten, und wenn er sich beschweren wolle, dauere es nur noch länger. Als die Rentenbewilligung schließlich eintrifft, ist sie wider Erwarten großzügig auf unbefristete Zeit ausgestellt – wie Hohn liest sich das für ihn. Auf drei Wochen ist seine »Frist« nunmehr zusammengeschrumpft. Reizbar und aggressiv reagiert er auf sein Schicksal, und wie ein Bumerang kommt alles wieder auf ihn zurück. Sein aufbrausendes Wesen macht ihn bei vielen, die mit ihm zu tun haben – Klinikpersonal, Behörden, Geschäfte – unbeliebt, und sie lassen es ihn spüren. Selbst die Kirche, bei der er in Panik seinen Wiedereintritt beantragt, macht es ihm schwer, stellt viele Gewissensfragen und scheint nicht zu begreifen, daß sie es mit einem Menschen zu tun hat, dessen Lebensuhr fast abgelaufen ist und der nur noch Trost, auch den der Kirche, braucht.

Hier hat niemand, so scheint es, beizeiten erkannt, daß er es mit einem Menschen zu tun hat, der schon vom Tod gezeichnet ist und mit dem geduldig und verständnisvoll umzugehen eigentlich Gebot der Nächstenliebe wäre. Sein Zorn, in den er den Rest seiner Kraft steckte, hat hier wohl auch über die eigentliche Not hinweggetäuscht.

Aber Menschen in solchen Extremsituationen müssen ungerecht sein dürfen – ihr Zorn gilt ja nicht wirklich uns, sondern ihrem Schicksal. Und nicht selten trifft ja einen einzigen Menschen gleich eine ganze Reihe von Schicksalsschlägen: Horst R. hatte einen Bruder in der Kindheit verloren, die geliebte Schwester erst vor einigen Jahren; der einzige Freund liegt im Sterben; und nun kommt noch die Krankheit! Haben wir das Recht, von Menschen, die so von Leid heimgesucht sind, uns gegenüber »Haltung« einzufordern, wo sie doch ihre ganze Energie noch für das letzte Wegstück brauchen oder schon ganz unter der Bürde zusammengebrochen sind?

Welche Reaktion bei einem sterbenden Menschen überwiegen wird, hängt von vielen Faktoren ab. Einmal von den Menschen seiner Umgebung: Können diese selbst der Wahrheit ins Auge schauen, halten sie sie aus, signalisieren sie Beistand? Auch von anderen Umständen wird es abhängen, allen voran von dem Ausmaß der Schmerzen, von sozialen Verhältnissen wie unfreiwilliger Einsamkeit und Isolation, ungelösten familiären Konflikten... Aber nicht zuletzt sind es auch Persönlichkeitsmerkmale wie Spiritualität, die Art, mit Gefühlen umzugehen, ein verschlossenes oder offenes Wesen. Sterben unterscheidet sich nicht grundsätzlich von anderen belastenden Lebenssituationen: Jeder Mensch stirbt auch ein Stück weit so, wie er gelebt hat. Aber Fürsorge und Begleitung, menschlich-emotionale ebenso wie fachlich-medizinische und -pflegerische, können ihm auf seinem letzten Weg beistehen.

Kehren wir nochmals zu dem Arzt zurück, der mit seiner Heilkunst am Ende ist. Bleibt für ihn und seine pflegenden Helfer denn wirklich nichts mehr zu tun, wenn ein Mensch im Sterben liegt? Werden sie nicht gerade jetzt dringend gebraucht, wenn auch nicht mehr zum Heilen, so doch dazu, die Lebensqualität im Sterben zu verbessern: Quälende Symptome wie Atemnot, Schmerzen, Fieber, Wundsein gilt es zu lindern, seelische Nöte wie Angst und Verzweiflung aufzufangen, die leichter werden, wenn jemand sie mitträgt. Und letzteres sollte nicht nur dem Arzt, dem Pflegepersonal und den professionellen »Seelenbegleitern«, den Geistlichen und den Psychologen, überlassen bleiben. Hier sind natürlich auch und vor allem die Menschen gefordert, mit denen der Sterbende sein Leben geteilt hat. Sie sollten ihn noch bis dahin begleiten, wo die Wege auseinandergehen und ihn nicht vorher schon verlassen, als wäre damit sein Tod leichter zu ertragen. Erwerbe dir in gesunden Tagen einen Freund, der dir in der Sterbestunde beisteht, rät schon das »Lübecker Bedebok« aus dem Jahr 1484.

Bewußtseinsänderung im Umgang mit Sterbenden muß sich auch institutionalisieren, muß Strukturen zeitigen, die die Betreuung Todkranker vom Rand der medizinischen Versorgung wieder mehr in den Mittelpunkt rücken, die die Würde des Sterbenden im Krankenhaus bewahren helfen und die das Sterben außerhalb der Klinik auch dann in Würde möglich machen, wenn der Betroffene kein Zuhause mehr hat oder seine Familie überfordert ist.

Tatsächlich gibt es auch schon Anzeichen für einen Wandel. Um einen neuen Umgang mit Sterben, Tod und Trauer zu erreichen, tun sich Menschen in Hospizvereinen zusammen. Ziel der aus England stammenden Hospizidee ist es, Mut zu machen, den Tod als wesentlichen Teil des Lebens anzunehmen. Sterbende und deren Angehörige sollen in dem Wunsch unterstützt werden, die letzte Lebenszeit bewußt zu gestalten, wo es möglich ist, zu Hause oder in vertrauter Umgebung.

Eine solche vertrauenerweckende Umgebung zu schaffen ist Ziel der Einrichtung stationärer Hospize. Sie sind noch selten, doch es gibt an immer mehr Orten ambulant arbeitende Hospizvereine mit Telefondiensten, über die (ehrenamtliche) Hospizhelfer zu den Schwerstkranken oder Sterbenden nach Hause oder in die Klinik gerufen werden können. Diese Helfer werden in Schulungen auf ihre Aufgaben vorbereitet und erfahren während ihrer Tätigkeit eine regelmäßige Begleitung, die dem Erfahrungsaustausch dienen und einer Überforderung entgegenwirken soll.

Vortrags- und Diskussionsreihen werden angeboten, um die Öffentlichkeit und die Politik auf die Probleme aufmerksam zu machen. Ärzte und Pflegepersonal werden eingeladen, die modernen Möglichkeiten der Schmerztherapie zu diskutieren, damit sie sie bei ihren Tumorpatienten im Krankenhaus und in der Arztpraxis anwenden können. Schließlich, und das stellt sich als besonders wichtig, weil bisher am meisten vernachlässigt heraus, kümmern sich die Hospizvereine auch um die Angehörigen, die mit ihrer Not und ihrer Trauer allein sind. In Gesprächskreisen treffen sich diese mit Menschen, die ähnliche Schicksale haben, und finden Gehör und Verständnis für ihre Trauer.

Auch in der Medizin beginnt sich, wenn auch zögernd, eine Fachrichtung zu etablieren, die sich ausschließlich mit unheilbaren Patienten und deren Krankheitssymptomen beschäftigt. Sogenannte »Palliativstationen« (lateinisch »pallium« heißt Schutzmantel) haben ähnliche Ziele wie stationäre Hospize, sind jedoch auch mit Apparaten ausgerüstet, so daß noch diagnostisch gearbeitet werden kann und dadurch therapeutische Entlastungsmaßnahmen durchführbar sind. Hier wird keine Lebensverlängerung um jeden Preis erstrebt, sondern das Sterben wird akzeptiert, und letzte Bedürfnisse des Sterbenden versucht man, so gut es irgend geht, zu erahnen und ihnen gerecht zu werden. Inzwischen gibt es rund zwanzig solcher Palliativstationen in Deutschland.

Viel bleibt allerdings noch zu tun. So ist es notwendig, Tod und Sterben auch in der Ausbildung der Medizinberufe mehr präsent zu machen. Das könnte dann gelingen, wenn nicht ausschließlich vom Heilen als Zielsetzung die Rede ist. Das Postulat an den Arztberuf, »Salus aegroti suprema lex«, heißt ja auch nicht »das Heilen des Kranken ist oberstes Gesetz«, sondern »das Heil (also das Wohl) des Kranken ist oberstes Gesetz«.

Bereits im Studium sollte auf die Konfrontation mit Unheilbarkeit und Sterben vorbereitet werden, die psychologisches Verstehen und eine Sensibilisierung für eigene Gefühle erfordert. Voraussetzung dafür ist ein sehr persönlicher Rahmen und ein direkter Kontakt der Studenten zu Lehrern und Patienten. Meist scheitert ein solcher Unterricht an unzureichenden Ausbildungsbedingungen.

Die Frage ist allerdings auch, wie weit sich ein Verständnis für Lebens- und Sterbevorgänge überhaupt über den Lehrplan an Studenten vermitteln läßt. Wohl nur in Grundzügen, denn was man »für das Leben lernen« kann, wird man meist vom Leben selber lernen. Reife und Lebenserfahrung kommen ins Spiel, die zwar auch in anderen Berufen erwünscht, die aber für den Arzt- und Pflegeberuf – sicher ebenso wie für Pädagogen und Priester – entscheidend wichtige Voraussetzungen sind. Und das ist nicht nur eine Frage des Lebensalters; es ist auch eine Frage der Wahrhaftigkeit des Umgangs mit sich selbst und dem eigenen Leben; es ist eine Frage des Respekts vor dem eigenen Leben und dem des anderen in seiner Ganzheitlichkeit, das erst mit dem Tod endet.

Ein Lebensende in Würde

»Ich habe nur selten Würde beim Sterben erlebt. Das Bemühen um Würde scheitert, wenn der Körper uns im Stich läßt«, sagt der amerikanische Arzt Sherwin B. Nuland, der mit seinem Buch »Wie wir sterben« auch bei uns Aufsehen erregt hat. Heißt das, es kann so etwas wie ein »Leben in Würde bis zuletzt« gar nicht geben? Wäre am Ende der Ruf nach »aktiver Sterbehilfe«, nach einem vorzeitigen Tod, der einzige Ausweg?

Die Würde menschlichen Lebens ist vielfach verletzbar, niemals wohl so zerbrechlich wie am Lebensanfang und an seinem Ende: Hilflosigkeit und Angewiesensein auf andere kennzeichnen Beginn und Ende des Lebens. Dem Neugeborenen ins Leben hineinzuhelfen, das Kind dann auf seinen Weg zu einem selbstbestimmten Leben zu bringen – das sind Hilfen des Erwachsenen für das Kind, bis dieses selbst erwachsen ist; der Vorsprung an Lebenserfahrung berechtigt die Eltern, das Kind anzuleiten. Am anderen Ende des Lebens, wenn der Tod nahe ist, brauchen Menschen eine ganz andere Art der Hilfe. Jetzt liegt ein Leben hinter ihnen, eine kurze Zeit oder lange Jahre, diese Erfahrung haben sie mit uns gemeinsam. Auf einem anderen Weg sind sie uns voraus: Sie können uns lehren, was Sterben ist.

Wir sollten uns hüten, Sterbende, und seien sie noch so hilflos oder scheinbar wieder »unmündig«, führen zu wollen oder ihnen Ratschläge zu erteilen. Ihnen die Hand zum Geleit reichen, sie begleiten erscheint einzig der Situation des Lebensendes angemessen. Hilfe für Sterbende, Begleitung und mitmenschlicher Beistand heißt, sie nicht alleine zu lassen, stellvertretend ihre Interessen wahrzunehmen, wo sie selbst es nicht mehr können. Ihnen zu menschenwürdigen Umständen zu verhelfen – Schmerzen lindern, Einsamkeit teilen, ein Ohr leihen, Zeit zur Verfügung stellen und, wo es geht und gewünscht ist, ein Sterben zu Hause zu ermöglichen –, all dies sind Ziele der Hospizbewegung; doch darüber hinaus gehen sie uns alle an.

Daß die Umstände am Lebensende häufig nicht so sind, wie sie sein könnten, wird spürbar, sobald man mit Betroffenen und Angehörigen in Kontakt kommt. Es scheint eher, als resignierten immer mehr Menschen, wenn sie sich ihr Lebensende vorzustellen versuchen. »Nicht wie ein Vieh krepieren müssen«, diesen Mindestanspruch an Würde – ja selbst den Tieren wünschen wir ein besseres Ende – stellt ein Fünfundsiebzigjähriger an seine letzten Lebenstage, die durch heftige Schmerzen verdüstert sind. Er lebt allein in der seit dem Tod seiner Frau leer gewordenen Wohnung. Im Zweiten Weltkrieg hat er miterleben müssen, wie die Kameraden unter zum Teil schrecklichen Schmerzen im Graben neben ihm buchstäblich »verreckt« sind. »Wenn mein Krebs mir noch stärkere Schmerzen macht, kann ich dann eine Spritze bekommen, die allem ein Ende macht?«

»Schnell und schmerzlos«, so sieht seine Erwartung an ein würdiges Ende aus, sich nicht mehr quälen müssen, das ist für ihn ein »gnädiger« Tod. Aber gibt es wirklich nur diese Alternative? Sind bereits alle anderen Möglichkeiten ausgeschöpft, diesem einsamen alten Mann die Umstände noch lebenswert bis zuletzt zu gestalten? Sollte man nicht für eine wirkungsvollere Schmerztherapie sorgen und ihm zeigen, daß man sich für ihn interessiert und an seinem Schicksal Anteil nimmt? Ist es für ihn wirklich ein würdigeres Ende, getötet zu werden, den »Gnadentod« zu erhalten?

Der Ruf nach aktiver Sterbehilfe wird selbst unter jungen Menschen lauter, und Euthanasie ist wieder, diesmal von Holland ausgehend, ein ernsthaft diskutiertes Thema.

Einem Leben, ehe es an seinem Ende an Würde verlieren könnte, vorzeitig den »Tod zu schenken«, wird als human, als menschlich bezeichnet. Wäre danach Würde am Lebensende nur noch durch Beihilfe zur Selbsttötung oder die tödliche Spritze zu erreichen? Ist also die neue Ethik (wie Martin Weber es kürzlich im »Deutschen Ärzteblatt« treffend formuliert hat) die, »die nicht das Leiden, sondern den Leidenden selbst eliminiert«?

Ein Mann Mitte Vierzig meldet sich am Hospiztelefon: Sein alter Vater sei seit einem Jahr wegen eines unheilbaren Leidens in einem Pflegeheim bettlägrig – das sei doch kein würdiges Leben mehr, man solle ihn doch sterben lassen, der Arzt mit seinen Herzmitteln verlängere das Leben des Vaters unnötig. Die Kosten für alles, erwähnt er ganz nebenbei, gingen von seinem Erbe ab, das ihm bereits ausbezahlt worden sei.

Bei einem ersten Besuch am Bett des alten Mannes stellt sich schnell heraus, daß es nicht die Herztabletten sind, die ihn noch am Leben erhalten. Er selbst hängt noch ganz fest daran, fast wie dem Sohn zum Trotz, dessen Motive ihm nicht verborgen bleiben. Die beiden haben sich nie verstanden, der Sohn scheint es dem Vater nie recht gemacht und keine Anerkennung gefunden zu haben. Jetzt will er sich nicht länger kümmern müssen, will sein Leben nicht mehr von den Gedanken an das Sterben des Vaters einschränken lassen, wie er das ausdrückt. Die Ungeduld mit des Vaters Tod ist würdelos, aber sie hat eine lange Vorgeschichte.

Familiäre Konflikte, die ein Leben lang nicht gelöst wurden, lassen sich auch am Ende nicht immer lösen, Harmonie läßt sich auch durch einen bevorstehenden Tod nicht erzwingen. Auf eine andere Art hat hier der Sohn doch noch etwas Versöhnliches für den Vater getan: Er hat Hospiz eingeschaltet. Eine Hospizhelferin konnte so an seiner Stelle den Vater noch einige Monate begleiten, bis der seine Zeit für gekommen hielt und ganz friedlich sterben konnte – den Zeitpunkt mußte der Sterbende selbst bestimmen.

Menschenwürde ist in der langen Geschichte der Menschheit immer durch den Menschen selbst verletzt und mit Füßen getreten worden: Sklaverei, Kriege, Folter, Rassenverfolgung, Völkermord, Ghettoisierung, Ausbeutung... Daß eine solche Behandlung des Menschen durch Menschen ethisch abzulehnen ist, darüber herrscht heute in der »zivilisierten« Welt Einigkeit. »Die Würde des Menschen ist unantastbar« – das haben wir in Artikel 1 unseres Grundgesetzes verankert.

In sehr viel subtilerer Weise ist die Menschenwürde allerdings da in Gefahr, wo Menschen körperlich oder geistig noch nicht oder nicht mehr in der Lage sind, sich selbst vor Angriffen zu schützen: bei den Schwachen in der Gesellschaft. Neben den Kindern sind das vor allem chronisch kranke Menschen, AIDS-Kranke, Krebspatienten, alte Menschen, ganz besonders aber Sterbende. Häufig werden sie ausgegrenzt, als seien sie Randgruppen; dabei leben sie uns doch nur ein Schicksal vor, das wir alle einmal teilen werden.

Wird es in einer Zeit der »Machbarkeit« immer unverständlicher und unannehmbarer, daß das Leben als solches eine »Krankheit zum Tode« und letztlich unheilbar ist? Kommt es deshalb so häufig zu an Würdelosigkeit grenzenden Versuchen von Wiederbelebung um jeden Preis und selbst dann noch, wenn das Sterben eines Menschen bereits eingesetzt und er selbst schon seinen bevorstehenden Tod akzeptiert hat? Ist der freie Wille des Menschen nicht ein entscheidender Bestandteil von Menschenwürde?

Wann ist der Mensch eigentlich tot? Ganz sicher dann, wenn sein Körper erkaltet und steif wird. Aber die moderne Medizin braucht einen früheren Termin, um Organe zur

Transplantation aus dem toten Körper zu entnehmen. So wurde der »Hirntod« als entscheidendes Kriterium definiert. Doch jetzt wurde es für die Hinterbliebenen noch schwerer, den ohnehin unbegreiflichen Tod des eben Verstorbenen anzuerkennen. Rosig und warm durchblutet haben sie nicht einen »Leichnam« vor sich, sondern einen Körper, der mit der Hilfe von Maschinen noch zu leben scheint. Ist ein würdiger Ablauf der Zeit kurz vor und nach dem Tod und würdiges Abschiednehmen überhaupt möglich, wenn die Zeit drängt, weil Ärzte schon warten, um einem anderen Menschen mit Hilfe der Organe eines hirntoten Menschen das Leben zu retten? Wird das Sterben des einen Menschen durch das gleichzeitige Noch-einmal-Geborenwerden eines anderen aufgehoben, dieser Tod somit kaum mehr wahrgenommen? Oder ist es der alte Kreislauf von Vergehen und Werden, der auch solches Tun rechtfertigt und würdig macht?

Es kann wohl auch dem Leben eines Menschen Würde verleihen, wenn er beschließt, seine Organe einem todkranken Mitmenschen zu spenden. Und es ist sicher auch würdiges ärztliches Handeln, einem Menschen, der ohne Dialysemaschinen nicht mehr leben kann, durch die Transplantation einer gesunden Niere ein wieder einigermaßen menschenwürdiges, weil maschinenunabhängiges, bewegliches Leben zu ermöglichen. Aber was ist dann mit der Würde des sterbenden Organspenders? Es gibt eben auch auf dem Gebiet der Medizinethik selten plakative, einschichtige Aussagen und Lösungen.

Im Konflikt zwischen der Würde des Spenders und der des Empfängers sollte der Wille des ersteren ausschlaggebend sein und der seiner nächsten Angehörigen respektiert werden – auch dann, wenn diese sagen: »Wir lassen es nicht zu, wir wollen das Sterben nicht stören lassen und unseren Toten in Ruhe verabschieden.« Äußere Zwänge, eine von außen kommende moralisch-ethische Verpflichtung, auch noch im Sterben dem Wohl anderer zu dienen und sich opfern zu müssen, erscheinen eher als inhuman. Nur die Freiwilligkeit macht das Organspenden zu einem menschenwürdigen Akt.

»Würde«, das Wort ist nun oft gefallen – was verleiht dem Leben des Menschen Würde? Zunächst müssen seine Grundbedürfnisse befriedigt, ein gewisses Wohlbefinden erreicht sein: soziales Eingebundensein, Essen, Trinken, Sexualität, Schlaf, »ein Dach über dem Kopf« und überwiegende Schmerzfreiheit. Diese Grundbedürfnisse haben wir mit den Tieren gemeinsam. Darauf baut sich das auf, was die Würde des Menschen zusätzlich ausmacht: seine Selbstbestimmtheit, die Freiheit seiner Gedanken und seines Handelns, sein Wissen um den Tod mit der Chance, sein Leben danach auszurichten, seine Spiritualität und Geistigkeit.

Doch wie sieht die Wirklichkeit aus? Wie viele Kinder kommen behindert zur Welt und werden niemals eine völlige Autonomie erreichen? Wie oft schränken Unfälle oder Krankheiten den geistigen und körperlichen Horizont eines Menschen und damit seine Eigenständigkeit früh wieder ein? Wie viele Menschen werden nie satt, wie viele leben im Elend und haben keinen Platz, wo sie sich zur Ruhe betten könnten? Wie viele Menschen haben keine Chance, etwas zu lernen, wie viele bekommen keine Arbeit? Wie vielen Menschen wird die Freiheit durch Diktaturen genommen? Wie viele Menschen vereinsamen völlig, obwohl immer mehr Menschen die Erde bevölkern? Und wie viele Menschen müssen am Ende ihres Lebens unnötige Schmerzen erleiden?

Von der Vorstellung einer idealen geistigen und körperlichen Verfassung, falls diese überhaupt je bestanden hat, müssen wir im Laufe unseres Lebens viele Abstriche machen. Ist dann unsere Würde gefährdet? Ist sie an bestimmte Voraussetzungen gebunden, an reibungsloses körperliches und geistiges Funktionieren, an einen erfreulichen Anblick? Verliert der Mensch seine Würde, wenn hohes Alter oder Krankheit ihn schwächen? Geht sie verloren, wenn er unter sich läßt, Blut erbricht, vor Schmerzen keucht oder unansprechbar im Koma liegt? Es sind nicht die nachlassenden Körper- und Geisteskräfte, die ihm seine Würde nehmen, sondern es ist würdelos, wenn er in dieser Lage keine Erleichterung und Linderung seiner Umstände, vor allem der Schmerzen, erfährt, wenn ihm seine Mitmenschen den Beistand verwehren! Wenn ein Sterbender nicht mehr selbst seine Würde bewahren kann, sollten wir sie stellvertretend für ihn wahren.

Einen Arzt, Anfang Siebzig, trifft ein erster leichter Schlaganfall mitten in der Sprechstunde bei der Untersuchung einer Patientin. Von einer Sekunde zur anderen kann er keine Worte mehr finden, sich nicht mehr verständlich machen. Die Diagnose ist ihm sofort klar, doch vor der Patientin mag er sich nicht krank zeigen. Mit einem vorgetäuschten Hustenanfall verläßt er den Raum. Für ihn, den Arzt, ist es mit Scham verbunden, vor seiner Patientin selbst zum Patienten zu werden.

Später, als sich die Symptome noch einmal großteils zurückgebildet haben, kann er darüber sprechen: Ganz »würdelos« sei er sich vorgekommen, als er plötzlich hilfloser als seine Patientin war. Das möchte er nicht noch einmal erleben müssen. Obwohl von diesem ersten leichten Hirnschlag kaum sicht- und merkbare Spuren zurückbleiben, kann sich der passionierte Arzt nun endlich entschließen, die Praxis aufzugeben. Bis dahin war ihm ein solcher Schritt trotz seines Alters nicht vorstellbar erschienen. Jetzt kann er sich warnen lassen: »Habe ich dir nicht einen Boten über den anderen geschickt?« sagt der Tod im

Grimmschen Märchen. »Kam nicht das Fieber, rüttelte dich und warf dich nieder? Hat der Schwindel dir nicht den Kopf betäubt?«

Eine achtzigjährige Frau, deren Mann vor Jahren gestorben ist, hat immer wieder Phasen des Verwirrtseins. Eines Tages ruft sie die Kinder an, sie brauche ihre Hilfe, der Vater sei schwer krank. Als man ihr schonend zu erklären versucht, er sei schon viele Jahre tot, erschrickt sie: »Heißt das, daß ich verrückt bin?« Auch daß sie nicht mehr mit Geld umgehen kann, wieder von ihren Kindern abhängig geworden ist, kann sie nur schwer ertragen; sie wird mißtrauisch, selbst gegen die eigene Familie. Doch nicht nur ihre Familie, auch sie selbst leidet darunter. Das Nachlassen ihres Gedächtnisses bedeutet für sie einen zusätzlichen Würdeverlust im Alter. Begonnen hatte er ihrem Empfinden nach schon damals, als sie Witwe geworden war und in ein Altenstift umziehen mußte.

Ein Schlaganfall verwandelt den lebensvollen und rüstigen Werner H. von einer Sekunde zur anderen in einen Pflegefall. Daß er zeitweilig Wasser und Stuhlgang nicht mehr kontrollieren kann, bedeutet für den sehr auf ein gepflegtes Äußeres bedachten Mann einen besonders drastischen Verlust an Würde und ist mit viel Scham verbunden. Sich bei der Toilette, beim Essen helfen lassen zu müssen ist schlimm; selbst der Worte nicht mächtig zu sein und doch noch zu verstehen, was um ihn herum vorgeht, ist qualvoll; sich nur mehr ganz eingeschränkt im Rollstuhl fortbewegen, nie mehr im Garten arbeiten zu können erscheint ihm oft unerträglich. Er weint viel. Würde? Hätten die Ärzte ihn vielleicht nicht behandeln, ihn sterben lassen sollen, als er, gerade fünfundsechzig, ohne jede Vorwarnung akut ins Koma fällt. Ein Blutpfropfen hatte sich aus dem Herzvorhof gelöst und im Gehirn ein wichtiges Gefäß verstopft, so daß die Sauerstoffversorgung unterbrochen ist. Aber wäre er denn wirklich gestorben oder nur zu einem »lebenden Leichnam« geworden, wenn die Ärzte nichts unternommen hätten? Wie das im nachhinein beantworten?

Sie haben ihn mit den Mitteln modernster Intensivmedizin behandelt, haben den unregelmäßigen Herzschlag reguliert, damit kein neuerliches Gerinnsel ins Gehirn gelangen kann, haben das Blut verdünnt, um die Durchblutung wieder zu fördern, haben Medikamente gegen die gefährliche Hirnschwellung gegeben. Aus dem tief komatösen, unansprechbaren und unbeweglichen Patienten wurde wieder ein Mensch, der sich selbst im Rollstuhl fortbewegen, der mit Gesten, Blicken und Wortfetzen reagieren und einiges verstehen kann – ein zwar schwer durch den Schlaganfall beeinträchtigter und veränderter Mensch, der aber doch am Leben noch teilnimmt, der für seine Frau noch der vertraute Partner und für die erwachsenen Kinder noch der geliebte Vater bleibt. In einem Pflegeheim hätte Herr H. vielleicht das Schicksal erlitten, anonym und nur mehr der »Schlaganfall von Zimmer fünf« oder der »Opa« zu sein, den die Pflegenden wieder zum Kind machen.

Werner H. verdankt es seiner Frau, daß er das eine Jahr, das ihm bis zu seinem Tod noch bleibt, in Würde verbringen kann. Sie ist es, die ihm die Rückkehr nach Hause ermöglicht. Sie tut alles, um ihn die ungewohnte Hilflosigkeit nicht zu sehr spüren zu lassen, bezieht ihn in alle Entscheidungen mit ein, läßt ihn den Haus- und Tischherrn sein, wenn Besuch kommt. Durch ihre Unterstützung, die ihn weder bevormundet noch bemuttert, kann er, trotz aller Einschränkungen, noch ein Leben in Würde führen. Was nicht heißt, daß es nicht immer wieder Phasen tiefster Verzweiflung gibt, etwa wenn es ihm nicht gelingt, sich verständlich zu machen, oder wenn seine Hände den Mund verfehlen, so daß das Essen danebenfällt.

Frau H. sagt später: »Die Krankheit meines Mannes war

für mich auch eine Chance, mich selbst zu bewähren. Hatte ich früher alles ihm überlassen, mußte ich mich von heute auf morgen völlig umstellen, mich um lauter Dinge kümmern, die früher immer er erledigt hat. Er war eigentlich immer der Lebenstüchtigere und Praktischere von uns beiden. Jetzt bin ich dem Schicksal dankbar, daß noch Zeit blieb, ihm einiges von dem, was er für mich getan hat, zurückzugeben. Aber damals, als das über uns kam, gerade als wir seinen Ruhestand gemeinsam genießen wollten, da habe ich mir manchmal fast gewünscht, er wäre lieber gleich tot gewesen!« Wechselseitiges Geben und Nehmen: Im Leben dieses Paares lag eine Würde, der seine Krankheit und schließlich auch sein Sterben nichts anhaben konnten.

Wie anders ist es, wenn in einer Partnerschaft die Hilflosigkeit des einen zum Lebensinhalt des anderen wird. Frau S., um die Sechzig, pflegt ihren Mann seit fünf Jahren; jetzt ist sein Tod absehbar geworden. »Mein Mann ist wie mein Kind«, sagt sie, »er ist mein Leben, er darf nicht sterben. Ich habe ja sonst keine Aufgabe mehr!« Geht Würde verloren, wenn man zur »Lebensaufgabe« des Partners wird?

Nie mehr in eine Klinik zu müssen, zu Hause zu sterben ist der Wunsch der vierzigjährigen todkranken Anna O. In den drei Jahren ihres Tumorleidens ist sie nach zahllosen Operationen »dünnhäutig« geworden. Keine Eingriffe mehr, keine fremden Gesichter, nur noch zu Hause bleiben dürfen, in Ruhe gelassen werden in den eigenen vier Wänden, alleine mit ihrem Partner und mit Felix, dem Kater – so wünscht sie sich ihr Lebensende. Ihr Mann verspricht ihr das; es kommt seinem eigenen Bedürfnis entgegen: »Sie soll in meinen Armen einschlafen.«

Doch Anna braucht zusätzliche Sicherheiten. Sie hat vom örtlichen Hospizverein gehört und bittet um einen

Besuch. »Werden Sie da sein können, falls mein Mann einmal zu erschöpft sein wird, nachts neben mir wach zu bleiben?« fragt sie als erstes, und: »Die Schmerzen werden immer schlimmer, sie mauern mich richtiggehend ein. Ich kann an nichts anderes mehr denken, mich keine Minute mehr entspannen. Gibt es für mich noch Hilfe, auch ohne daß ich wieder ins Krankenhaus muß? Was nützt mir mein Glaube, wenn ich vor Schmerzen die Sinne nicht zusammenhalten, geschweige denn beten kann?«

Brennende und bohrende Schmerzen können die Angst vor der Nacht ins Unerträgliche steigern, ohne Unterlaß mahnen sie Schlimmeres an. So mit Folterqualen verbunden hat der Tod nicht einmal mehr den Aspekt der »Erlösung«. Worte wie »Würde« und »lebenswertes Leben bis zuletzt« sind da nur mehr Hohn.

Die Hospizhelferin vermittelt schnell und problemlos einen Termin mit einer Schmerzambulanz. Ihr Leiter, ein engagierter Verfechter der Hospizidee von einem Lebensende in Würde, das heißt ohne Schmerzen, wird zum unentbehrlichen ärztlichen Begleiter in Annas letzten Lebensmonaten. Daneben kommt die Hospizhelferin immer wieder einmal vorbei und hält sich für Nachtwachen bereit, falls diese gebraucht werden. Solange es geht, möchten die beiden allerdings alleine zurechtkommen. Seine Frau mit anderen Menschen zu »teilen« fällt dem Mann immer schwerer, je näher der Abschied rückt.

Als es auf das Ende zugeht, läßt er sich von seinem Beruf freistellen, um bei ihr sein zu können. Er weint mit ihr und freut sich, wenn sie lachen kann. Vom »unsensiblen Rauhbein«, wie er sich selbst schildert, hat er sich in einen sensiblen Menschen mit »zarten« Händen verwandelt, der so sachte zu Werk geht, als fasse er etwas Kostbares, äußerst Zerbrechliches an. Er wird zur »rechten Hand« des Schmerzspezialisten, von dem er viel über die Beherrschung der Schmerzen und die Pflege der Schwerkranken lernt. Sie kann auf diesem stützenden und tragfähigen Grund noch einmal aufleben und auch im Angesicht des Todes noch Pläne schmieden. Hoffnung, diese besondere Gnade, ist ein unentbehrlicher Bestandteil der Menschenwürde.

Ein anderes wird am Beispiel dieser Sterbebegleitung deutlich: »Daß sie so schnell gekommen sind, mich nicht haben warten lassen und daß Sie sich Zeit nehmen, das tut so gut«, ruft Anna spontan aus, als auf ihren Anruf hin umgehend jemand kommt. Immer nur warten müssen – auf einen Untersuchungstermin, ein freies Bett, auf Befunde... »Seit ich Krebs habe, heißt es immer nur warten«, sagt sie, »als ob mir noch soviel Zeit bliebe! Immer wieder muß ich hören: Sie sind nicht die einzige, andere warten doch auch!« Doch, sie ist die einzige, die sterben muß! So jedenfalls fühlt sie sich. Jedes Sterben ist einzig! Sterbenden bleibt keine Zeit mehr, sie brauchen unsere Zeit!

Die bereits erwähnte Hanne muß sich wegen ihres bösartigen Hauttumors einer umfangreichen Oberschenkeloperation unterziehen, die tiefe Narben hinterläßt. Sie fühlt sich als Frau entwertet. Schwierigkeiten in der Partnerbeziehung führt sie auf die Krankheit zurück: »Mein Mann muß sich doch abgestoßen fühlen«, sagt sie. Ihrem Lieblingssport, dem Schwimmen, geht sie nicht mehr nach, sie schämt sich, in Badebekleidung öffentlich ihre »Entstellung« zu zeigen: »Ich möchte die anderen nicht mit meinem Anblick belästigen, und ich will kein Mitleid!« Mitleid, Belästigung? Ist es würdelos, anderen Menschen die eigene Versehrtheit zuzumuten? Ist es für diese nicht auch eine Chance, mitempfinden und Anteil nehmen zu dürfen, aus der sie viel für die eigene Lebensbewältigung lernen können?

So wie die Sehnsucht nach einem intakten Körper zu den

Wunschvorstellungen für ein Leben in Würde gehört, ist es auch die uneingeschränkte Beweglichkeit. Doch solche Vorstellungen relativieren sich schnell, wenn Krankheit oder ein Unfall das Leben entscheidend verändern. Der alte Mann im Pflegeheim, für den der Sohn um Hospizbegleitung gebeten hatte, hat sich in seinem ans Bett gebundenen Leben noch einmal eingerichtet. Er freut sich über jeden Besuch der Hospizhelferin, kann kleine Freuden noch genießen, so sein tägliches Glas Wein aus dem Schnabelbecher, als sei der ein edles Glas. Er läßt sich von ihr erzählen, was zu Hause auf den Tisch kommt – da meldet sich noch einmal der Gastwirt in ihm. Selbst ein schon so eingeschränktes Leben loszulassen kann noch schwerfallen. Wenn es Menschen gibt, die dazu beitragen, kleine Freuden noch zu erfüllen, wenn die Pflege so professionell und menschenfreundlich geschieht wie in diesem Heim, dann hat auch das Leben noch Würde.

Das Grundgesetz erklärt die Würde des Menschen für unantastbar und will Schutz gewähren, wo Menschen oder eine menschengemachte Ordnung seine Würde verletzen können. Gesetze gegen den natürlichen Verfall von Geist und Körper durch Krankheit, Alter und Tod gibt es nicht. Nur auf eine menschenwürdige Behandlung und menschenwürdige Umstände können sie jedem einen Anspruch zusichern. Dazu gehören: eine möglichst weitgehende Selbstbestimmtheit, menschenwürdige soziale Verhältnisse, ein bewohnbarer Ort, ärztliche Fürsorge, insbesondere eine weitestgehende Schmerzstillung. Das meiste können wir, in der Umgebung der Kranken und Sterbenden, zum Erhalt ihrer Würde beitragen. Würdelos wird Sterben nur dann, wenn Zuwendung und Beistand versagt werden, wenn niemand Zeit hat, wenn die Pflege lieblos geschieht, wenn die Ärzte sich abwenden – »Wir können nichts mehr für Sie tun« –, wenn mit der tödlichen Krankheit nicht wahrhaftig umgegangen wird.

Eine junge, gerade mit der Ausbildung fertige Ärztin übernimmt eine Praxisvertretung, ausgemacht sind zwei Wochen. Der Praxisinhaber, ein bei seinen Patienten beliebter Arzt, Anfang Vierzig, fährt mit seiner Familie in den Skiurlaub. Nach den zwei Wochen kommt ein Anruf, sie müsse noch weiter für ihn arbeiten, er habe scheußliche Rückenschmerzen, habe sich wohl beim Skifahren etwas zugezogen. Zwei Tage später kommt wieder ein Anruf, diesmal von der Ehefrau: Mit gehetzter Stimmte teilt sie mit, man habe bei ihrem Mann einen ausgedehnten bösartigen Tumor der Bauchspeicheldrüse diagnostiziert, der nicht operabel sei – ihr Mann werde nicht mehr lange zu leben haben. Die behandelnden Ärzte hätten mit ihr vereinbart, ihm diese besonders hoffnungslose Diagnose nicht mitzuteilen, sondern die einer anderen zwar ebenfalls bösartigen Tumorkrankheit, die aber mit längeren Überlebenschancen einhergehe.

Für die junge Ärztin ist es gefühlsmäßig untragbar, Mitwisserin eines solch schwerwiegenden Geheimnisses zu sein. Was würde sie antworten, wenn er sie fragte, wie verbergen, daß sie mehr wußte? Sollte sie ihn vielleicht gar nicht besuchen? Ist eine Konsequenz aus diesem »Verschon-Spiel«, daß, wer die Wahrheit weiß, aus Furcht, sich zu verraten, einen Bogen um das Krankenzimmer macht?

Als sie an sein Bett kommt, spielt der zum Patient gewordene Arzt zunächst das Spiel der anderen mit: Er rechne sich noch einige Jahre Leben aus ... Fragen stellt er nicht. Bei ihrem letzten Besuch im Krankenhaus findet sie ihn alleine und hochfiebernd in seinen Laken vor. »Dieses Fieber, dieses Fieber ...« murmelt er nur immer, und dann weint er. Sie sitzt nur da und hält seine Hand – ganz kann auch sie die Tränen nicht zurückhalten: Schließlich muß sie gehen: Seine Patienten warten schon. Am nächsten Tag hörte sie, er sei gestorben.

Durch Leugnen der Realität einen Patienten schonen zu wollen, wo doch sein eigener Körper – die Schwäche, das hohe Fieber – ihm den Beginn des Endes anzeigt, hat mit der Wahrung von Würde wenig zu tun. Es beraubt ihn nur der Chance, seine verbleibende Lebenszeit noch zu gestalten, sie bewußt mit seinen Angehörigen zu erleben, letzte Angelegenheiten zu regeln. Auch muß man fragen, wer hier geschont werden soll? Vielleicht die Umgebung mehr als der Patient selbst? Vielleicht die Ärzte, die diesen plötzlichen Ausbruch und drastischen Verlauf einer unheilbaren Krankheit eines Kollegen als eine besonders schmerzliche Niederlage verbuchen, die sich ihre Ohnmacht nicht eingestehen wollen? Oder die Ehefrau, die den Gedanken an den Tod des Mannes nicht ertragen kann?

Hätte man nicht annehmen können, daß dieser Patient sein Schicksal ahnte, und vielleicht dort anknüpfen können, wo er das selbst zum Ausdruck brachte? Ihm in einem solchen Moment zu signalisieren, man wisse, wie es um ihn steht, und ahne, wie er sich fühlen müsse, hätte ihm vielleicht ermöglicht, Ängste und Sorgen auszusprechen, vielleicht auch den Wunsch, zu Hause sterben zu dürfen?

Im Krankenhaus mußte man den Arztkollegen aus Platzmangel provisorisch unterbringen. Zwar liegt er allein, doch in einem Raum, der eigentlich für technische Zwecke bestimmt ist und nur mittels weißer Wandschirme zu einem einigermaßen intimen, abgegrenzten Bereich gestaltet werden konnte – mehr eine Notunterkunft, denn ein würdiger Ort zum Sterben. Die junge Ärztin konnte nicht mehr tun, als ihm ihr Mitfühlen zu zeigen, sie fühlte sich zu fremd, zu unerfahren und nicht berufen, sich einzumischen, wo eigentlich die Ehefrau und die behandelnden

Kollegen zuständig waren. Dieses ihrem Empfinden nach »unwürdige« Sterben beschäftigt sie noch lange.

Aber wie soll ein Arzt seinen Patienten, und sei es ein Kollege, über dessen Krankheit aufklären? Soll er »mit der Tür ins Haus fallen«, wie die Chirurgen, die dem fünfzigjährigen Werner T., bei dem sie einen ausgedehnten, nicht mehr operablen Tumor feststellen, sagen, als er eben aus der Narkose erwacht ist: »Bei Ihnen war nichts mehr zu machen. Gehen Sie am besten nach Hause und nutzen Sie Ihre Zeit noch. Weihnachten werden Sie wohl nicht mehr erleben.« Zu dieser Zeit ist es August. Wie wahr ist diese »Wahrheit«? Kann man als Mediziner, selbst bei einem ausgedehnten Tumorbefund, einen so genauen zeitlichen Verlauf der Krankheit voraussagen?

Für den Mann, eben erst zum Patient geworden, ist diese Nachricht ein Schock, von dem er sich nicht mehr erholt. Die scheinbar genaue Zeitbegrenzung reißt gleich zu Beginn jede Hoffnung mit der Wurzel aus – in einem Stadium, in dem dieser Patient, anders als der vorige, die Schwere der Krankheit noch gar nicht körperlich fühlen, geschweige denn begreifen kann. Werner T. lehnt sich nicht auf, kämpft nicht dagegen an; er sucht nicht, wie viele Betroffene es tun, noch andere Ärzte oder Kliniken auf, greift nicht nach dem Strohhalm alternativer »Wundermittel«. Das für ihn in seiner tödlichen Wucht Unbegreifliche wirft ihn aufs Krankenlager, von dem er sich nicht mehr erhebt.

Seine Frau reagiert ähnlich; auch für sie ist dieses zeitlich scheinbar genau vorgezeichnete Ende des Mannes katastrophal. Beide haben immer sehr ausschließlich aufeinander bezogen und kinderlos gelebt, da ist eine Trennung unvorstellbar! Auch hier kann die noch verbleibende Frist nicht mehr genutzt werden – und das, obwohl die Ärzte mit der »Wahrheit« nicht hinter dem Berg hielten.

Klagen über die Endgültigkeit der baldigen Trennung füllen nun die Tage – »lebendig tot« statt bis zuletzt am Leben ist dieser Kranke. Noch vor Weihnachten, nach einem monatelangen häuslichen Schmerzenslager tritt endgültig der Tod ein – die »Prophezeiung« erfüllt sich.

Hätte eine sachtere Vorgehensweise der Ärzte bei der Erstfeststellung der Krankheit, etwa in Form einer schrittweisen Aufklärung und Annäherung an die Wahrheit, nicht zu einem würdigeren Verlauf beitragen können? Selbst wenn es hier nichts mehr zu operieren gab, waren damit dem ärztlichen Tun doch keine Grenzen gesetzt. Daß der Arzt nichts mehr tun kann, stimmt ja nur unter der Voraussetzung, daß Am-Leben-Erhalten das einzige Ziel ist. Nicht nur für den Betroffenen, auch für die Familienangehörigen und alle anderen, die Sterbende begleiten, ist der kontinuierliche ärztliche Rat und Beistand unverzichtbar; so viele Ängste und Fragen gilt es noch aufzufangen, die sich durch die unmittelbare Konfrontation mit dem Tod ergeben.

»Wir müssen von Anfang an voll und rückhaltlos aufklären«, argumentieren heute gerade auch junge Ärzte, damit der Patient weiß, woran er ist, und sich darauf einstellen kann – etwa mitbestimmen, wie und mit welchen Mitteln er sich behandeln lassen will. »Wir haben nicht das Recht, eine trügerische Sicherheit zu vermitteln, wenn es eigentlich keine mehr gibt, oder uns mit einer Halbwahrheit aus der Affäre zu ziehen.« Dem ist sicher zuzustimmen. Menschenwürde hat, davon war bereits die Rede, mit Selbstbestimmtheit zu tun, und die ist nur möglich, wenn Wahrhaftigkeit unter allen herrscht, die von Sterben und Abschiednehmen betroffen sind.

Doch wird es notwendig sein, nicht nach einem starren Schema, sondern situativ mit der Wahrheit umzugehen, wo Menschen mit der größten aller Lebenskrisen, dem Sterben, konfrontiert sind. Ihnen da entgegenzukommen und sie da abzuholen, wo sie sich auf dem »Weg« befinden, und ihnen dabei die Tür zur Hoffnung nicht ganz zu verschließen, das läßt ihnen ihre Würde.

Wie schwer es Menschen auch innerfamiliär fällt, mit der Wahrheit einer unheilbaren Krankheit umzugehen, zeigt folgendes Beispiel: Esther, eine amerikanische Freundin, erzählt, wie sie als Kinder um Krankheit, Sterben und Tod der Schwester »betrogen« worden sind. Zwölf Jahre alt sei sie gewesen, als ihre zwei Jahre ältere Schwester schwer erkrankt sei. Sie und die Geschwister hätten die Schwester von dem Tag an, an dem sie ins Krankenhaus gekommen sei, nie mehr wiedergesehen. Auf alle Fragen nach ihrem Ergehen hätten die Eltern ausweichende Antworten gegeben, Besuche im Krankenhaus seien nicht gestattet worden. Eines Tages – es war fast ein Jahr vergangen – hieß es dann, nun werde die Schwester endgültig nicht mehr heimkommen – sie sei »in den Himmel eingegangen«.

»Wir wollten euch den Anblick eurer krebskranken Schwester und ihr schweres Sterben nicht zumuten, das hättet ihr nicht verkraftet«, wird ihnen später gesagt. Dabei war es in Wirklichkeit sicher ebenso schwer zu verkraften, daß sich ein Jahr lang alles um die verschwundene Schwester gedreht hatte, sie zum unsichtbaren Mittelpunkt der Familie geworden war, in der sich die anderen Kinder von den Eltern völlig vernachlässigt fühlten. Heimlich habe sie die Schwester darum oft verwünscht, erzählt Esther, und »als die Nachricht von ihrem Tod kam, habe ich mich plötzlich sehr schuldig gefühlt!«

Krankheit und Sterben der Schwester nicht real miterleben, nicht mitfühlen und mitleiden zu dürfen war für die seelische Entwicklung der Geschwister sicher schädlicher, als wenn sie die Krankheit und das Sterben der Schwester hätten erleben dürfen. Kinder wachsen an solchen Erfahrungen; nicht selten erlebt man, daß sie sogar besser mit Tod und Sterben umgehen können als Erwachsene.

Aus dem Umgang mit Schwerstkranken und Sterbenden zu lernen – diese wichtige Erfahrung geht ganz allgemein immer mehr verloren, seit die Fürsorge für diese zunehmend den Krankenhäusern überlassen und auch die Pflege alter Menschen institutionalisiert wird. Häufig wird damit auch die Verantwortung für die Würde ihres Lebensendes an Ärzte, Pflegepersonal und Krankenhausseelsorge abgegeben – so, als ginge das nicht alle an, als sei der würdevolle Umgang mit Sterben, Tod und Trauer »Sache« einiger weniger Berufsgruppen.

Doch diese sind als »professionelle Bewahrer von Würde« überfordert. Für Würde am Lebensende zu sorgen ist eine Aufgabe aller Menschen, wir können sie nicht delegieren, auch nicht an eine Bewegung wie Hospiz, die sie auf ihre Fahne geschrieben hat. Gemeinsam müssen wir die Würde des Kranken und Sterbenden bewahren, ob als Lebenspartner, Verwandter, Freund, Nachbar, Kollege, Arzt, Geistlicher. Nur dann werden wir auch der Not von Menschen begegnen können, denen Euthanasie oder aktive Sterbehilfe als einziger noch verbleibender Ausweg erscheinen.

Ist Euthanasie ein »guter« Tod? Wie sich Menschen einen würdigen Tod vorstellen, das hören wir in der Sterbebegleitung und in Hospizveranstaltungen immer wieder: ein schmerz- und angstfreier Zustand der Geborgenheit, die Bereitschaft loszulassen, ein friedvolles Hinüberdämmern, für den Gläubigen ein »Sich Fallenlassen in Gottes gebreitete Hand« (Dietrich Bonhoeffer).

Ist es würdig, von der Hand eines anderen zu sterben? Wer weiß, was in den letzten Minuten und Sekunden auch in einem Menschen noch vor sich geht, dessen freier Wille es war, zu einem festgesetzten Termin von einem Arzt eine

»tödliche Dosis« verabreicht zu bekommen? Wie frei ist er in dieser Entscheidung gewesen? Haben ihm die Umstände wirklich eine freie Wahl ermöglicht?

Er wird uns nie mehr mitteilen können, ob er nicht doch im letzten Moment noch große Angst und Verlassenheit empfunden hat; ganz zu schweigen von den Gewissenskonflikten des Arztes, der hier dem Tod das Handwerk erledigen und Lebendiges auslöschen muß. Ist es nicht würdigeres ärztliches Handeln, Freiheit mit einer ausreichend hohen Dosis an Schmerzmitteln zu schaffen, daneben aber alle Maßnahmen der künstlichen Verlängerung von Leben da zu unterlassen, wo es sich unausweichlich dem Tod nähert?

Viele Menschen sagen heute, sie wollen einmal schnell und ohne Aufhebens sterben, weil sie niemandem zur Last fallen wollen. Heißt es nicht: »Ein jeder trage des anderen Last«? Gilt hier nicht ebenso der Umkehrschluß, daß ein jeder auch zur Last werden darf, wenn seine Kräfte nachlassen oder er sie vielleicht nie ausreichend hatte? Wie schnell kann jeder von uns der andere werden! Kann man nicht darauf vertrauen, daß der Tod einen nicht allzu lange warten lassen wird, wenn Körper und Seele für ihn bereit sind?

Wenn Sherwin B. Nuland im Zitat am Anfang dieses Kapitels sagt, daß das Bemühen um Würde scheitert, wenn uns der Körper im Stich läßt, dann tut er das, um zu verhindern, daß sich die Menschen Illusionen machen, die die Wirklichkeit nicht einlösen kann. »Nur wenn wir die volle Wahrheit kennen und auf sie gefaßt sind, können wir uns von der Furcht vor der Terra incognita des Todes befreien, die uns sonst zu Selbstbetrug und Enttäuschung führt.« Ein würdiges Geschehen in einer klaren geistigen Verfassung und ohne körperliche Qualen – so kann Sterben unter günstigen Umständen auch einmal sein. Aber es ist keineswegs die Regel, auch wenn die zahlreichen Bücher über das Sterben manchmal diesen Eindruck vermitteln möchten.

Aus der Welt zu gehen ist – wie einst das In-die-Welt-Kommen – nicht unbedingt ein »sanftes« Naturgeschehen. Der Zusammenbruch des kunstvollen Gefüges »Mensch« ist kein steriler, laut- und schmerzloser Vorgang, nicht immer »erbaulich«, sondern manchesmal von zerstörerischer Gewalt und Schroffheit. Aber das, was man offen anschaut, macht letztendlich weniger Angst; nur so kann man verhindern, daß enttäuschende Erfahrungen mit der Realität uns den Tod verdrängen lassen.

Ein Leben vollendet sich, schon daraus bezieht das Sterben Würde. Oder in den Worten Nulands: »Die Würde, die wir im Sterben suchen, müssen wir in der Würde finden, mit der wir gelebt haben.«

»Ich höre die Posaunen von Jericho«

Ein alter Mann stirbt ohne Gott

Sie sprach über die schwere Erkrankung ihres alten Vaters und über seinen vermutlich bald bevorstehenden Tod wie über etwas Heikles oder Obszönes.

Das wunderte mich sehr. Sie war eine selbständige, selbstbewußte junge Frau, vielseitig interessiert und gebildet, dabei freundlich, menschlichen Problemen zugewandt. Was war mit ihr los?

Später erfuhr ich von ihren Sorgen. Der Vater war vor vielen Jahren aus der Kirche ausgetreten. Der Familie – damals lebten noch seine Frau und der inzwischen an AIDS gestorbene Sohn Alfred – hatte er gesagt, das sei »nach reiflicher Überlegung« geschehen; es war nicht seine Art, viele Worte zu machen, und so nahm die Familie es einfach zur Kenntnis. Die damals noch jugendlichen Kinder gingen weiter zum Religionsunterricht, das war für sie ein Nebenfach wie Kunst oder Musik oder Sozialkunde. Die Mutter ging regelmäßig in die Kirche, sie betete still vor den Mahlzeiten, spendete Geld für das neue Pfarrheim.

Man war tolerant miteinander.

Der aidskranke Bruder, Bluter, Sorgenkind von Anbeginn, starb zu Hause, liebevoll umsorgt, lange betrauert.

Vor drei Jahren war die Mutter, Mittelpunkt der Familie, gestorben; »nach kurzer, schwerer Krankheit« war in der Zeitung zu lesen gewesen. Zum Schluß war ein Priester bei ihr. Der Vater hatte ihn verständigt, ihn selbst gebeten, ins Haus zu kommen. Es gab ein kirchliches Begräbnis, das meine Bekannte »aushielt«, wie sie sagte.

Der Vater war tief betroffen, aber wie immer sehr aufrecht und stark in der Kirche gestanden, beim »Seelenamt« wie auch bei den Gebeten am Grab, das mit Weihwasser besprengt worden sei. »Sie hat es so gewollt«, habe der Vater ihr gesagt, »und so soll es auch sein.« Dann habe er sie, erstmals seit sie kein Kind mehr war, in die Arme genommen und ein wenig gelächelt: »Sie ist in ihrem bayerischen Himmel, weißblau angemalt, und vielleicht gibt es dort eine gute Blasmusik.« Freundlich und gleichzeitig distanziert habe er dies gesagt – so habe sie es heute noch im Ohr.

Daraufhin erzählte sie von seinem Sterben, das ihr Sorgen und angst mache. Er habe alles geregelt. Nach einer Reanimation habe er verfügt, daß er, krebskrank und zweiundachtzig Jahre alt, »so etwas« nicht noch einmal wünsche. Wie er das gesparte Geld angelegt habe, was mit dem Haus und der in Jahrzehnten selbst aufgebauten und betriebenen Funkstation geschehen solle, habe er ihr dargelegt.

Sie aber habe etwas ganz anderes mit ihm besprechen wollen: was er denke und empfinde, was er glaube, was für ihn nach dem Tod komme, und wie er sich darauf vorbereiten wolle, ob sie selbst oder ein anderer ihm dabei helfen könne. Er habe entschieden abgewunken und knapp gesagt: »Laß mich bitte mit solchen Dingen in Ruhe, das brauche ich nicht.«

»Braucht man das wirklich nicht, wenn man stirbt«, fragte sie mich. »Was ist mit meinem Vater los? Die Verwandten sagen, er muß sich doch mit der Kirche versöhnen. Hat er wirklich keine Angst vor dem Sterben und dem Danach?«

Tage später fragte sie mich, ob ich mit ihr den Vater im Krankenhaus besuchen wolle. Ich wollte.

Der Vater schwieg, schaute uns nicht an. Über ihm hingen die Schläuche. Die Schwester meinte, er sei »nicht mehr ansprechbar«.

Meine Bekannte wurde grippekrank, hatte Fieber. Da besuchte ich den alten Herrn allein. Ich erklärte ihm, warum seine Tochter nicht da sei. Langes Schweigen. Ich dachte an meinen längst verstorbenen Vater, an seine letzten Wochen. Davon erzählte ich ihm ein wenig. Ich erzählte eigentlich mir selbst – denn er war »nicht ansprechbar« –, welches Anliegen es meinem Vater gewesen sei, daß die Bienen versorgt würden, die er so sehr liebte.

Zwei Tage später besuchte ich ihn nochmals. Er schaute mich an und fragte, was aus den Bienen geworden sei nach meines Vaters Tod.

Was hat der Tod mit Religion zu tun und was die Religion mit dem Tod? Nicht nur meiner Bekannten machte diese Frage zu schaffen, es ist das Problem vieler Menschen.

Tod ist für uns ein Nicht-mehr-Sein. Nicht-mehr-so-Sein, Nicht-mehr-hier-Sein. Das Nichts ist so schwer zu denken. Vieles andere können wir uns vorstellen: das Woanders-Sein, Mit-allem-eins-Sein. Vielleicht auch todmüde sein, schlafen, schlafen, schlafen. Oder Wiedererwachen in einem ständigen Kreislauf von Werden und Vergehen.

Die Religion ist so alt wie die Menschheit. Sie meint das Bedürfnis des Menschen, sich in Beziehung zu setzen zu etwas, das größer ist als er selbst.

Entspringt die Religion der Angst des Menschen angesichts des »Geworfenseins« in dieses auch gefahrvolle Leben mit seinen Lasten und Katastrophen, der Gewißheit von Sterben und Endlichkeit, der nicht zu entrinnen ist? Heutzutage hört man immer wieder vom »Verlust der Religion.« (Kann man Religion verlieren wie eine Kastanie aus der Manteltasche?) Widerspricht nicht diese Tendenz dem tiefen Bedürfnis des Menschen, sich selbst zu deuten, seinen Ort im Lebensvollzug zu erfassen, Sinn zu erkennen, sich einen Reim darauf zu machen, warum alles so ist, wie es ist, oder nicht ist und sein könnte?

Es gab und gibt die vielen unterschiedlichen Religionen zu allen Zeiten, in allen Kulturen. Sie formen das soziale Leben, rechtfertigen Moral und Sitte, interpretieren die Ängste und Hoffnungen der Menschen, trösten sie auch im Leid, gestalten die Feste und Feiern mit. Das Bedürfnis und die Fähigkeit, »religiös« zu sein, gehören wohl mit zur »Grundausstattung« des Menschen, sie sind verankert in seiner Person, darum auch in seiner Kultur, wie auch immer sie gestaltet sein mag. Auch die Abkehr, das Nein zur Religion, die Verfolgung und Ächtung sind Formen der Auseinandersetzung mit ihr.

Ob wir uns in der Religion, in die wir sozusagen »hineingeboren« werden, beheimatet fühlen oder ob wir uns abwenden, woanders suchen oder am Ende auch aufgeben zu suchen, das erweist sich später, hat aber immer auch mit unserer frühen Lebensgeschichte zu tun.

Religion und Leben sind zusammengehörige Bereiche. Die Fähigkeit dazu, das Bedürfnis danach können zugeschüttet sein. Aber auch wenn es einem Menschen wichtig und notwendig erscheint, sich von den »Glaubenssätzen«, den Dogmen und den Strukturen seiner Religion zu lösen, es bleibt die Suche nach dem Mehr als dem, was rational zu erfassen ist, nach Religion!

Viele Menschen, nicht nur junge Leute, distanzieren sich von ihrer angestammten Religion, legen sie beiseite wie ein Kleidungsstück, das nicht zu ihnen paßt, das sie einzwängt, zu ersticken droht.

Es geschieht nicht aus Leichtfertigkeit, im Gegenteil. Andere wiederum verharren gedankenlos in ihrem Glauben, tarnen ihn als Tradition. Tradition bedeutet aber nicht »Asche aufbewahren«, sondern »die Flamme weitertragen«, wie Riccarda Huch es nannte. Dieses starre Festhalten ist oft verbunden mit einer psychischen Regression: nicht fragen, suchen, unterwegs sein, sondern ausweichen vor dem, was beunruhigen könnte. Es ist eine Art geistige Windstille.

Religion, die nicht auch fragwürdig sein darf, verliert für viele Menschen heute – bei aller Suche nach Halt und Orientierung – die Lebendigkeit.

Autoritäre Religionen, in denen es um Gebote und Gehorsam geht, um Allmacht und Unterwerfung, schrecken Menschen in unseren Breiten eher ab. Das demokratische Selbstverständnis, die Sehnsucht nach einem menschenwürdigen Miteinander kommen in Konflikt mit einer Religion strenger Weisungen und eingeforderten Gehorsams. Eine solche Religion erscheint vielen fern und kalt und ohne Bezug zu ihrer eigenen Lebenswirklichkeit.

Eine Religion dagegen, in der Gott als transzendente Größe, aber auch menschliche Vernunft, humanitäres Bemühen, menschliche Verantwortung ernstgenommen, miteinander verbunden werden, hat heute eher eine Chance.

Was die Menschen bei ihrer Suche antreibt, ist immer die Sehnsucht nach Glück. Von der Religion wird erwartet, daß sie das »versteht«, daß sie den Menschen hilft, zu leben, zu sich selbst zu kommen, miteinander leben zu lernen, daß sie ihnen hilft, durch Existenznöte zu gehen, durch die Wüste und durch Abgründe, die sich auftun in jedem Leben.

Menschen haben durchaus eine Affinität zu Religion. Hinter der Maske der Innerweltlichkeit, dem Gedränge nach Geld und Geltung verbergen sie ihre ungestillte Sehnsucht nach Glück und ihre Angst vor dem Unglück, ihre tiefsitzende Angst vor der Sinnlosigkeit.

Gott ist kein geometrischer Punkt. Jede Seele – wenn wir darunter den Kern unseres Personseins verstehen wollen – muß ihren eigenen Weg zu ihm finden.

Inwieweit die »verfaßten Religionen« dem Menschen dabei ein Wegweiser sein können, bleibt offen. Man mag sie mit dem Regenbogen vergleichen, von dem das Alte Testament berichtet, daß er nach der Katastrophe der Sintflut als Zeichen am Himmel erschien. Eine Chiffre für Gott? Aber festhalten läßt er sich nicht, der Regenbogen.

Der Vater meiner Bekannten starb bald. An seinem letzten Tag verabschiedete er sich von den Ärzten und Schwestern auf seine Art: ernst und distanziert.

Seiner Tochter schärfte er nochmals ein, gut für sich selbst zu sorgen, die Funkstation einem Kumpel zu schenken, auch den dazugehörigen Garten, die Garage und das Auto.

Dann schickte er sie Eis holen, Himbeereis, weil sie das so gerne aß.

In den fünfzehn Minuten ihrer Abwesenheit starb er. Eine Schwester war – eher zufällig – bei ihm. Er habe so vor sich hin gedämmert, sei dann aber ganz wach geworden. Seine letzten Worte waren: »Ich höre die Posaunen von Jericho!«

Meine Bekannte war erschüttert. Was hatte ihr Vater sagen wollen?

Sie suchte tagelang in seinen Notizen nach einem Anhaltspunkt. War er jemals in Jericho gewesen? Las er vielleicht doch in der Bibel, dem Buch, das für ihre Mutter so wichtig gewesen war?

Als die Mauern einstürzten, ein halbes Jahrtausend vor Christus, waren die Israeliten am Ziel.

Der alte Mann am Zaun

Über das Leben nach dem Leben

Die junge Frau war erschöpft: vor ein paar Wochen die Geburt ihres dritten Kindes, das Stillen, die kurzen Nächte, dann die Umzugsvorbereitungen und nun der Einzug ins neue, eigene Reihenhaus.

Sie stand in der Tür zum Balkon, und müde legte sie einen Augenblick ihren Kopf an den weißgestrichenen Rahmen. Dann sah sie ihn, so wie sie ihn dreißig Jahre lang gekannt hatte, groß und schmal. Er stand am Ende des Grundstücks, hinter dem noch provisorischen Gartenzaun auf dem Weg. Er lüftete den Hut, wie er es immer getan hatte, schwenkte ihn. Und er lächelte ihr zu. Er winkte – und ging.

»Ich habe meinen Vater gesehen«, sagte sie zu ihrem Mann. »Er stand am Zaun!« – »Dein Vater«, antwortete nachsichtig ihr Mann, »dein Vater ist seit drei Jahren tot!« Und er fragte sich, was mit seiner Frau los war. »Aber ich habe ihn gesehen«, beharrte sie. »Ich weiß, daß er tot ist. Ich war bei seiner Beerdigung. Aber er hat am Gartenzaun gestanden und gewunken. Ich glaube, er wollte mir ein Zeichen geben, daß er an uns denkt und sich mit uns freut über unser neues Haus.«

Erlebnisse wie dieses nennt man »Tagtraum« oder auch »Gesichte«. Von ihnen ist in den Religionen, Mythen und Märchen vieler Völker immer wieder die Rede. Dort heißt es, daß die Gottheit oder ein anderes höheres Wesen dem Menschen im Traum oder in den Geschichten eine Botschaft zukommen lasse.

In der Bibel ist dies sogar beschrieben als der Weg, auf dem Gott zu den Propheten spricht. »Ich offenbare mich ihm in Gesichten. Und rede in Träumen mit ihm«, läßt Jahwe die Geschwister des Mose, Aaron und Myriam, wissen. Josef, der von seinen neidischen Brüdern nach Ägypten verkaufte Lieblingssohn des Jakob, gelangte zu Ehre und Macht, weil er die Träume des Pharao von den sieben fetten und den sieben mageren Jahren zu deuten wußte (Gen. 36–50).

Beinahe jedes Kind kennt die Träume, von denen im Zusammenhang mit der Geburt Jesu berichtet wird. So erhielten die drei Weisen, die »den neugeborenen König der Juden« in Bethlehem suchten, nächtens die Weisung, auf dem Heimweg Herodes zu meiden, da er dem Kind nach dem Leben trachte und auf einem anderen Weg in ihr Land zurückzukehren (Matth. 2,12). Und Josef erschien im Traum ein Engel und forderte ihn auf: »Nimm das Kind und seine Mutter und fliehe nach Ägypten. Bleibe dort, bis ich es dir sage. Herodes fahndet nämlich nach dem Kind, um es zu töten (Matth. 2,13–14). Auf die gleiche Weise erfuhr er später, daß die Gefahr vorbei war und die Familie nach Israel heimkehren konnte (Matth. 2,19–21).

Die Geheime Offenbarung des Johannes in der Bibel beruht ebenso auf Gesichten wie die Lehre des Koran. Träume und Gesichte bereiteten den Propheten Mohammed auf die große Vision vor, in der der Engel Gabriel ihm die Suren des Koran aus einem dicken Buch Allahs vorlas und diktierte. In der Sure 22 heißt es dazu, daß Allah die Seele Schlafender zu sich nehmen könne: »Und diejenigen, denen zu sterben bestimmt ist, behält er bei sich, und die andren schickt er ins Leben zurück, bis auch für sie die Zeit gekommen ist.«

Zu den sogenannten »kulturellen Universalien« der Menschheit gehört der Glaube, daß mit dem physischen Tod des Menschen nicht alles »aus« ist, daß es eine Art Weiterleben nach dem Tod gibt. Die Vorstellungen darüber, wie dieses Weiterleben aussieht und was im Tod mit dem Menschen geschieht, sind je nach Religion und religiösem Glauben verschieden.

Da gibt es den Himmel und die Hölle bei den Christen, in manchen christlichen Bekenntnissen wird die Hölle auch das »Purgatorium«, das »Fegefeuer«, genannt. Der Koran beschreibt Allahs Paradies sowie die Hölle und das große Gericht am Ende aller Zeiten. Die Dakota (Sioux) gehen ein in die »ewigen Jagdgründe«. Und in Religionen des Fernen Ostens finden wir den Glauben an die Reinkarnation, an die Wiedergeburt, bis in einem Prozeß der Läuterung schließlich die höchste Stufe, das Nirwana, erreicht wird.

Unsterblichkeit meint die Unvernichtbarkeit des Lebens oder die Überwindung des Todes in einer neuen Existenz. Die einen sprechen von der unsterblichen Seele, die anderen von der Unsterblichkeit der Person in dem Sinne, daß das Ich-Bewußtsein des Menschen mit dem Tod nicht untergeht, wieder andere glauben an die Wiedergeburt, und schließlich ist von der Auferstehung von den Toten die Rede.

Für die Herausbildung der kulturellen Universalie »Leben nach dem Leben« werden die verschiedensten Gründe vermutet. Die Inakzeptanz des Untergangs der eigenen Person im Tod und folglich dessen angstvolle Leugnung wird zur Erklärung ebenso angeführt wie die Hoffnung, daß das oft schmerz- und leidvolle Leben auf Erden eine Wiedergutmachung in einem paradiesischen Jenseits erfahre, daß »dies doch nicht alles gewesen sein darf«. Daß die Drohung mit den jenseitigen Strafen für das Böse und die Aussicht auf Belohnung für den Glauben und die guten Werke im Dienst der Aufrechterhaltung der sozialen und politischen Ordnung unter den Menschen stehe, wird ebenso angenommen wie die These vertreten, das Versprechen der himmlischen Gerechtigkeit diene vor allem der

Beschwichtigung der hier auf Erden benachteiligten und unter ungerechten Verhältnissen und Zuständen leidenden Menschen.

In vielen Kulturen findet sich der Gedanke, der in der Vergangenheit auch bei uns verbreitet war, nämlich daß der Mensch im Diesseits in seinen Kindern und Nachkommen weiterlebe, entweder zusätzlich zum Weiterleben im Jenseits oder an dessen Stelle. Diese Vorstellung setzt voraus, daß sich der Mensch nicht nur als Individuum begreift, sondern sich auch als Teil seiner Familie, seines Stammes, als Glied in einer Geschlechterkette und als Träger eines Namens und der mit diesem Namen verbundenen Tradition versteht. Ein solches Selbstverständnis verdeutlicht, weshalb zum Beispiel für die alten Israeliten eine gesicherte Nachkommenschaft so wichtig war: nicht nur als Garantie für das eigene Weiterleben in den Kindern und Kindeskindern, sondern auch unter dem Aspekt, die Geschlechterkette zwischen Adam und dem verheißenen Messias nicht abbrechen zu lassen.

Dieser Gedanke, daß man ja auch in seinen Kinder weiterlebe, hat, wenn nicht alles trügt, in unserem Land und in unserer Zeit des hochentwickelten Individualismus sehr an Bedeutung verloren. Viel eher stellt sich vielen Menschen heute die Frage, ob und wie sich denn das ausgeprägte Ich-Bewußtsein über den Tod hinaus erhalten lasse. Daß das so mühsam aufgebaute Ich-Bewußtsein und die Überzeugung von der Einmaligkeit ihrer Person im Tod verlorengehen sollen, empfinden viele Zeitgenossen als die eigentliche Kränkung.

Schließlich findet man in unserer Gesellschaft noch den Gedanken, der Mensch gehe im Tode ein in die Alleinheit des Kosmos. Diese Vorstellung entspringt einerseits pantheistischen Naturreligionen und hat andererseits mit dem physikalischen Gesetz von der Erhaltung der Energie zu tun: Danach ist der Mensch einbezogen in den großen natürlichen Kreislauf von Werden und Vergehen; im Tod wird seine geistige Energie transformiert, um auf andere Weise in der Schöpfung wirksam zu sein.

Tatsächlich gibt es aber eine Form des Weiterlebens des Menschen über den Tod hinaus, die frei ist von spekulativen Elementen: das Leben im Gedächtnis derer, die ihn kannten, die ihm nahestanden und die ihn liebten. Danach lebt der Mensch, solange es eine Erinnerung an ihn gibt, solange an ihn gedacht, von ihm gesprochen wird.

Und auch der Glaube, daß es darüber hinaus ein Leben nach dem Leben gebe, hängt mit dieser Erfahrung zusammen. Da sind wir wieder bei der jungen Frau, die sah, wie ihr längst verstorbener Vater ihr vom Gartenzaun aus zuwinkte. Immer wieder wird davon berichtet, daß Verstorbene, etwa der eigene Vater, die Mutter, ein totes Kind oder eine herausragende Persönlichkeit, im Traum oder in den Gesichten erscheinen. Es liegt nahe, darin eine der Quellen für den universellen Gedanken an ein Weiterleben nach dem Tod und an die Unsterblichkeit des Menschen zu sehen. Denn wenn ein Toter dem Lebenden im Traum erscheint oder gar in Gesichten, dann muß es ihn doch noch geben.

Wir wissen heute, daß Träume nicht von außen kommen, sondern sich im Inneren des Menschen bilden, daß es sich um Prozesse handelt, in denen wir uns mit jenem Teil unserer Wirklichkeit auseinandersetzen, den wir nicht bewußt wahrnehmen oder den wir verdrängen. In unseren Träumen sind unsere Ängste, Befürchtungen, aber auch unsere Wünsche und Hoffnungen gegenwärtig, und sie bestimmen die Bilder und Geschichten, die wir schlafend erleben.

Die Erscheinung des alten Mannes am Gartenzaun ist Realität: Es gibt ihn, auch wenn er längst begraben wurde

– er ist Realität für diese Frau, die ihn erlebte, ihn liebte und ihn jetzt sieht.

Aber sie selbst nimmt das zunächst gar nicht wahr. In ihrer Überraschung und in ihrem Erstaunen über diese Erscheinung wird ihr nicht bewußt, daß es sich um einen Traum handelt. Unwillkürlich interpretiert sie, der Vater freue sich mit ihr über das neue Haus. Vielleicht hat sie in den letzten Tagen einmal gedacht: Wenn das mein Vater noch sehen könnte, der würde sich freuen... Und nun erlebt sie diesen Gedanken in einem inneren Bild, das an den Gartenzaun projiziert wird.

Für unsere Kultur und unser Verhältnis zu Sterben, Tod und Auferstehung hat das Christentum in seiner Lehre immer noch große Bedeutung.

Die Kernaussagen dieser Lehre finden sich in etwas unterschiedlicher Form in den beiden ursprünglichen Glaubensbekenntnissen der großen Kirchen. Zunächst ist von Christus die Rede: daß er gekreuzigt wurde und begraben, auferstanden ist von den Toten, aufgefahren in den Himmel, wo er zur Rechten des Vaters sitzt und von wo er wiederkehren wird, »zu richten die Lebenden und die Toten«. Die Aussage über das Leben nach dem Leben besteht aus einem einzigen Satz. Dieser lautet im sogenannten Apostolischen Glaubensbekenntnis: »Ich glaube an die Auferstehung der Toten und das ewige Leben.« Im Glaubensbekenntnis von Nizea-Konstantinopel heißt die gleiche Stelle: »Wir erwarten die Auferstehung der Toten und das Leben der kommenden Welt.«

Erst im Laufe der Kirchengeschichte hat sich daraus die sogenannte »Lehre« entwickelt, indem man bestimmte Texte des Alten und Neuen Testaments und die dort verwendeten Bilder – Himmel, Paradies, Hölle, Gericht – im Hinblick auf die eher dürren Kernaussagen interpretierte.

Schließlich bestand ja die Notwendigkeit, den Gläubigen das, was in diesen Sätzen gemeint war, zu veranschaulichen.

Auch andere Elemente flossen in die christliche Lehre ein. Zum einen wurden Denkweisen aus den Philosophien im Umfeld der jungen Christenheit übernommen – etwa der griechische Leib-Seele-Dualismus, wie er beispielsweise in der Formulierung eines Grabgebetes seinen Niederschlag gefunden hat. »O Gott, der du die Seele deines Dieners aus dem Gefängnis seines Leibes zu ewiger Herrlichkeit in dir befreit hast…« Zum anderen beeinflußten Denkweisen und Vorstellungswelten der germanischen Stämme und Völker, in denen Dämonen, Trolle, Zauberer, Hexen und Feen und andere »Zwischenwesen« eine bedeutende Rolle spielten, die Entwicklung der Bilder von der Sünde, der Verführbarkeit des Menschen und dem strafenden »Inferno«.

Die Entwicklungsstufen der christlichen Lehre von Tod, Gericht und Auferstehung lassen sich an den bildlichen Darstellungen des Mittelalters deutlich ablesen. In einer Gesellschaft von Analphabeten bedurfte die mündlich vorgetragene Lehre der Illustration, eines bleibenden Umgesetztwerdens in Bilder. So entstand zur Belehrung des Volkes die Biblia Pauperum, die Bildergeschichten an den Kirchenwänden, von denen in katholischen Kirchen der Kreuzweg Jesu auf unsere Zeit gekommen ist. Aus dem Mittelalter stammen die »Totentänze« und Totenfriese, die Schreckensdarstellungen des Fegefeuers, des Jüngsten Gerichts und des Weltuntergangs.

Einerseits waren diese Bilder Ausfluß der verkündeten Lehre, andererseits prägten sie auf das intensivste die Vorstellungen der Betrachter und auch der Verkündiger und beeinflußten auf diese Weise ihrerseits wiederum die Lehre. Im Zusammenhang damit müssen auch spätere Entwicklungen gesehen werden, der Fegefeuer-Glaube und in seinem Gefolge das Ablaßwesen, dessen Auswüchse schließlich zum Auslöser für die Reformation werden sollten.

Und auch das Verhältnis des Menschen zum Tod veränderte sich notwendigerweise unter dem Einfluß der Bilder. Nicht so sehr das Ende des eigenen physischen Lebens wurde angstvoll erwartet, es war vor allem die Furcht vor dem Abschneiden vor dem göttlichen Gericht, die den Menschen das Sterben und den Abschied vom Leben – aber auch das Leben selbst – schwermachte.

Auch die Begleitung der Sterbenden stand ganz im Zeichen des bevorstehenden Gerichts: Reue und Buße, Gebete um Barmherzigkeit, Kasteiung und sogar ein eigenes »Sterbesakrament« sollten dem schwachen, sündigen Menschen den Weg ins ewige Paradies eröffnen. Die größte Angst war die vor einem »plötzlichen und unversehenen Tod«, der dem Menschen keine Chance für eine letzte Umkehr ließ. Die Tröstungen der Religion sollten dem Menschen helfen, jene Ängste zu überwinden, die Ausfluß eben dieser Religion waren.

Die drastischen, furchterregenden Darstellungen von Hölle, Tod und Teufel blieben auch nicht ohne Auswirkungen auf die volkstümliche Religion und die Volksfrömmigkeit. Und sie fanden ihren Niederschlag in manchem Aberglauben in Zusammenhang mit Hexen, Teufeln, Spuk, Geistern und Dämonen, der auch heute noch lebendig ist.

Die für die Menschen des Mittelalters gemalten Bilder und die ihnen zugrundeliegende Lebenseinstellung sagen vielen Menschen heute nichts mehr. Sie sind ihnen ebenso fremd wie manches, das sich als Tradition und Brauchtum um Sterbebett, Grab und Friedhof herum gebildet hat und das lange gepflegt wurde und mancherorts noch wird.

Daß immer mehr Menschen in unserer Gesellschaft sagen, daß sie mit kirchlichen Aussagen zu den sogenannten

»letzten Dingen« Schwierigkeiten haben, muß ja längst nicht in jedem Fall bedeuten, daß der Gedanke an das »Leben nach dem Leben« als solcher abgelehnt oder bestritten würde. Oft sind es die durch lange Tradition festgefahrenen Formen des Redens über Gott und den Tod und die lange überlieferten, aber vielen Heutigen unverständlich gewordenen, ihrer Lebenswirklichkeit nicht entsprechenden Bilder der Verkündigung, die den Zugang zum Glauben versperren.

Wie die Glaubenssituation aussieht, das zeigten zum Beispiel Umfragen bei verschiedenen Veranstaltungen mit Senioren in kirchlichen Bildungshäusern. Selbst bei dieser häufig noch als sehr stark kirchlich geprägt und als glaubensmäßig eher konservativ eingeschätzten Altersgruppe finden die standardisierten Katechismusantworten über Sterben, Tod, Gericht und Auferstehung immer weniger Akzeptanz. Aus einer Reihe möglicher Antworten auf die Frage nach dem, was nach dem Tode ist, fand diese die größte Zustimmung: »Was im Tode mit mir geschieht und was danach mit mir ist, weiß ich nicht. Doch ich bin überzeugt, daß mir im Tod und durch den Tod nichts Schlimmes widerfährt.«

Wer sich mit traditionellen christlichen Vorstellungen, wie denn ein Mensch den Tod erwarten solle, heute einem Sterbenden nähert, riskiert nicht nur Unverständnis. Es kann passieren, daß er abgewiesen wird – auch von Menschen, die er als gläubig und tief religiös und an den Fragen nach »Gott und der Welt« sehr interessiert kennengelernt hat.

Wir leben in einer Zeit hochdifferenzierter Individuen, und ihre Differenziertheit drückt sich auch in einer sehr subjektiven Form der Gläubigkeit und einer individuellen Einstellung zu den Fragen des Glaubens und der religiösen Praxis aus. Selbstverständlich gibt es auch heute noch Menschen, die in Glaubensangelegenheiten und in ihrer religiösen Überzeugung an dem festhalten, was sie gelernt und was sie in ihrem Leben als hilfreich und vielleicht auch als trostreich erfahren haben. Andere wiederum haben ihre Zweifel, aber sie gestatten sie sich nicht aus der Angst heraus, ihren festen Halt zu verlieren oder sich der Gemeinschaft der Gläubigen zu entfremden.

Und schließlich gibt es noch die, die sich aus mancherlei Gründen vom Glauben ihrer Kindheit und Jugend entfernt haben: ihn vielleicht verloren oder eingebüßt haben oder sich aus Enttäuschung oder Trotz von ihm abwandten. Gerade sie sind dann meist vielerlei Bekehrungsversuchen von Gläubigen in ihrer Umgebung ausgesetzt.

Auch in der Krankheit zum Tode oder unmittelbar im Sterben geben die Menschen ihre Individualität nicht auf, auch nicht im Hinblick auf ihren religiösen Glauben und ihre inneren Überzeugungen. Dies zu achten und zu respektieren verlangt die unantastbare Würde des Menschen!

Für den, der ihnen in dieser Zeit und Situation nahe ist, bedeutet dies: Die Wünsche und Überzeugungen der Kranken und Sterbenden sind maßgebend für unser Handeln und unsere Hilfeleistungen im Rahmen unserer Möglichkeiten – ob es nun unseren eigenen Vorstellungen und Auffassungen entspricht oder nicht. Voraussetzung dafür aber ist, daß der Kranke uns Vertrauen entgegenbringt und seine Wünsche und Bedürfnisse ausspricht.

Die Sterbende war eine fromme Frau. Ich glaube, sie hat ohne wichtigen Grund nicht einen Werktagsgottesdienst ausgelassen, geschweige denn eine Sonntagsmesse.

Ich hatte der Tochter und dem Schwiegersohn versprochen, sie abends abzulösen und über Nacht bei der Kranken zu bleiben. Schließlich mußten die jungen Leute mal wieder richtig ausschlafen.

Als ich eintraf, saßen die beiden am Bett und beteten. Die

Kranke hatte die Augen geschlossen und atmete ruhig. Ob sie die gemurmelten Gebete hörte, wußte ich nicht.

Als sie gegangen waren und ich eine Weile still am Bett der Kranken gesessen hatte, schlug diese die Augen auf und fragte: »Sind sie weg?« Ich nickte. »Das ist gut«, sagte sie. »Ich hätte so gerne mit ihnen geredet, aber sie meinten, wir müßten beten! – Kann ich mit dir reden, oder willst du auch beten?«

»Reden wir!« antwortete ich.

»Ich hätte so gerne gewußt, wie das Wetter draußen ist und ob in unserem Garten schon die Krokusse blühen.«

»Für die Jahreszeit ist es zu warm, sagten sie im Radio. Und die blauen Krokusse sind schon da!«

»Das habe ich mir gedacht«, meinte sie. »Ich würde sie ja zu gerne noch einmal sehen, die Krokusse, aber das wird wohl nichts mehr! – Kannst du morgen einen pflücken und ihn mir mitbringen?«

»Wenn wir uns morgen noch sehen«, sagte ich. Sie lächelte:

»Wenn ...«

Und nach einer Weile sagte sie: »Wenn du gern beten möchtest, dann tu es, laß dich von mir nicht stören.«

»Wieso ich?« fragte ich.

»Vielleicht brauchst du es! Man sitzt ja nicht jeden Tag neben einem Bett, in dem eine alte Frau stirbt«, antwortete sie.

»Und du?« wollte ich wissen.

»Was ich mit dem da oben zu reden hatte, ist geredet! Jetzt würde ich lieber mit dir sprechen ...«

Wir haben dann über dies und jenes gesprochen, bis sie sagte, sie sei jetzt müde, und die Augen schloß. Ich lehnte mich zurück und lauschte ihrem Atem. Dabei betete ich still für mich. Und auf einmal merkte ich, daß sie eingeschlafen war – für immer.

Dadirri heißt hören

Das Gespräch mit schwerkranken und sterbenden Menschen

Die Religion der Aborigines, der Ureinwohner im Nordwesten Australiens am Daly River, ist uralt – vierzigtausend Jahre wird geschätzt – und sie wird mündlich überliefert. »Dadirri« bezeichnet in der Sprache der Aborigines die Fähigkeit, das Talent, die Gabe – wir könnten auch sagen das Charisma – des Zuhörens: nicht nur das Hören auf die geheiligten Geschichten und Lieder, auch das Horchen auf die Natur, was sie zu sagen hat mit ihren Lauten, ihrem Gesang, ihrem Auf und Ab im Lauf des Jahres und der Gezeiten. »Dadirri« heißt auch hören und erkennen, was tief im eigenen Inneren tönt, heißt also zunächst still sein können, um es zu vernehmen.

Sprechen zu können ist eine wunderbare menschliche Fähigkeit. Sie ermöglicht Verständigung, Beziehung, Kultur. Bevor ein Kind seine ersten Laute zu Worten formt, hört es: Es horcht und dreht sein Köpfchen in die entsprechende Richtung, das kleine Gesicht ist aufmerksam, »ganz Ohr«. Hat das Kind nicht schon, bevor es auf die Welt kommt, viele Monate lang gehört?

Der französische Akustiker Alfred Tomatis hat darauf hingewiesen, daß ein Embryo wenige Tage nach der Befruchtung, wenn er 0,9 Millimeter groß ist, Ohransätze zu bilden beginnt. Viereinhalb Monate später ist das eigentliche Hörorgan in seiner endgültigen Größe entwickelt.

Das Ungeborene hört den Herzschlag der Mutter, die erste Brücke zur Welt geht also über das Ohr. Viel später erst lernt das Kind denken, weil und inwieweit es Sprache lernt.

Es heißt zwar, wir reden, wie wir denken. In Wahrheit jedoch ist es die Sprache, die dem Denken die Begriffe liefert, die gewissermaßen die Gleise legt, auf denen das Denken verläuft. Und so gibt es einen Zusammenhang zwischen dem Hören, welches die Sprache eines Menschen formt, und der sich daran anschließenden Entwicklung seines Denkens. Wenn ein Mensch stirbt, ist das Ohr das letzte der Sinnesorgane, das erlischt – so haben es Experten auf diesem Gebiet herausgefunden. Man kann sagen, die wichtigsten Beziehungen des Menschen zu anderen gehen in der Regel über das Ohr.

Und so fragen wir uns am Bett eines sterbenden Menschen, was es noch zu sagen gibt, was er vielleicht hören möchte. Wie können wir ihm die dunklen Gefühle und Befürchtungen erleichtern, ihm nahe sein, wenn der Abschied fällig ist, dieser Übergang in eine andere Dimension, wenn das Hier und Heute wie in einem tiefen, tiefen Meer versinkt?

Es gibt zur Zeit ein großes Angebot, sich in Kommunikation zu schulen, es gibt Trainings und Workshops für Rhetorik und Gesprächsführung. Kann uns das befähigen, gute Gesprächspartner für Sterbende und Trauernde zu sein?

Was heißt denn eigentlich Kommunikation? Sich mitteilen, Verbindungen herstellen, Beziehungen knüpfen. Die Kommunikationsforschung befaßt sich mit der Bildung sozialer Gruppen durch Sprache. So ist es nachzulesen im Fremdwörter-Lexikon. Das alles ist mehr als nur die Übermittlung und Entgegennahme von Nachrichten und Informationen. »Mitteilung« schließt Antwort und Austausch in sich ein, die Wechselseitigkeit des Sprechens und Hörens.

Vieles, was heute »Kommunikation« genannt wird, ist im Grunde einseitige Einflußnahme, weil die Angesprochenen, Um- und Beworbenen keine Möglichkeit direkter

Reaktion haben. Aber auch in einer Welt vielfältiger, oft verwirrender und undurchschaubarer Einflußnahmen und Kommunikationsvorgänge ist und bleibt das wesentliche Strukturelement des Sich-Mitteilens und -Austauschens die Ich-Du-Beziehung. Der hörbare und bisweilen auch sichtbare Anteil dieser Mitteilung und dieses Austausches ist mit der Spitze eines Eisbergs zu vergleichen.

Wie wir hören und sprechen, wie wir mit Menschen in Beziehung kommen oder es vermeiden, ist ein komplexes Geschehen: Es hat zunächst mit unserer Lebensgeschichte zu tun, mit unseren Beziehungserfahrungen, damit, wie wir selbst hören und sprechen gelernt haben, ob wir unsere Gedanken und Gefühle äußern, auch Angst, Schmerz, Wut und Zorn »ins Wort bringen« durften; auch das früh Verdrängte und Verheimlichte spielt in diesem Zusammenhang eine Rolle. Es gibt Kinder, die sich offen, unbekümmert und direkt äußern, und andere, die eher zurückhaltend, manchmal verschlossen und scheu sind.

Auch die Art und Weise, wie wir mit uns selbst umgehen – das, was »Selbstkommunikation« genannt wird –, ist von Bedeutung für unsere Beziehung zu den Mitmenschen. Kann ich auf mich hören, kann ich achtsam, sorgsam, auch wahrhaftig und gerecht mit mir selbst sein? Nehme ich mich ernst, oder neige ich dazu, mich zu beschwindeln, mich zu überschätzen oder »mich unterzubuttern«? Kenne ich meine Stärken und meine Schwächen?

Auch die Welt unserer Phantasie hat Einfluß auf unsere Beziehung zu den Mitmenschen, Einfluß auf unser Hören und Sprechen.

Meist unbewußt und ungewollt interpretiere ich, was mir begegnet, nicht nur das gesprochene oder geschriebene Wort. Aus diesem Grund ist es gar nicht so leicht, der Wirklichkeit, auch dem So-sein eines anderen möglichst objektiv gegenüberzutreten, ihn wahrzunehmen, zu hören, was er mitteilen, sagen, zeigen möchte, was ihm wichtig ist. Auch gemeinsam Erlebtes wird unterschiedlich, individuell erlebt.

Es ist sinnvoll und nützlich, die eigenen »Kommunikationsmuster« zu durchschauen, auch die eigenen Defizite zu kennen. Entfremdung und viele Enttäuschungen rühren daher, daß wir nicht wirklich zuhören und daß uns nicht richtig zugehört wird. Die Sprache, eine hervorragende Möglichkeit, sich zu erkennen zu geben – »Sprich, damit ich Dich sehe!« –, ist leider oft eine Quelle von Mißverständnissen.

Schon seit der Antike wurde die Bedeutung der Beziehung, des Austauschens, des Diskutierens bedacht, in den Philosophenschulen erörtert und gelehrt.

Anfang unseres Jahrhunderts begann ein besonders intensives Nachdenken über das Dialogische. Der jüdische Philosoph Martin Buber sagte: »Ich habe keine Lehre anzubieten, ich suche ein Gespräch.«

Ich darf einen kleinen Jungen, krebskrank, beim Sterben begleiten – eigentlich begleite ich mehr seine Eltern, denen es unmöglich erscheint, ihn loszulassen.

Immer wieder erzählen sie mir, wie wunderbar das Leben mit ihm war, auch die kurze Zeit im Rollstuhl, die letzte Reise nach Disney-Land. Die Fotos liegen auf dem Tisch. Ich muß und will hören, was sie mir zu sagen haben, manchmal frage ich nach, und wir lachen miteinander, wenn etwas besonders schön oder witzig war.

Diese Zeit liegt fünf Monate zurück. Wenn ich mit dem Jungen allein bin und seine Eltern ein wenig schlafen, lese ich ihm Geschichten vor, erzähle ihm Märchen. Er kann nicht mehr sprechen. Ich bin ziemlich sicher, daß das Kind es gern hat, meine Stimme zu hören; mache ich eine Pause, bewegt es leicht die Lider. Was will es mir sagen? Daß ich erzählen soll?

Häufig werde ich gefragt, ob es nicht besonders schwierig ist, mit Menschen ins Gespräch zu kommen, die schon in enger Berührung mit dem Tod sind. Und wie man sich darauf vorbereiten kann, ein guter, einfühlsamer Gesprächspartner zu sein.

Ich denke, wir sollten zunächst versuchen, Hörende zu sein, damit wir vernehmen und erspüren, was von uns gewünscht wird. Auch die so oft zitierte »Wahrheit am Krankenbett« beginnt mit diesem Hören und Wahrnehmen, damit das gesagt werden kann, was gut und richtig ist, was nicht überfordert, aber auch nicht belügt. Sterbende haben in der Regel ein tiefes Wissen von sich selbst, nicht selten verbergen sie es, um Angehörige zu schonen, sie nicht zu erschrecken.

Wenn sie noch sprechen können, darf ich sie fragen, wie sie sich fühlen, was sie empfinden, was sie sich wünschen.

Dasein und Hören sind nichts Passives. Dasein und Hören meint, ruhig und gesammelt ganz dabeizusein und dennoch seinen »Schwerpunkt« in sich selbst zu behalten. Bei aller Zuwendung ist dieser Abstand notwendig, um nicht in der Gefühlswelt des Sterbenden oder Trauernden mit zu versinken. Was nützt ihm meine Nähe, wenn sie ihn nicht mehr stützen und halten kann?

Wie können wir das Hören wieder lernen, wenn es uns im Alltag abhanden gekommen ist? Wir leben in einer lauten Welt, die Geräuschkulisse ist allgegenwärtig, wir werden von Informationen zugedeckt, überschüttet, von Musik berieselt, unterhalten, »zugedröhnt«. Wir laufen Gefahr, uns von der Stille so zu entwöhnen, daß sie uns ängstigt. Viele Menschen merken bereits, daß ihnen der Lärm nicht gut bekommt, sie reagieren nervös, ungeduldig und gereizt, sehnen sich nach Stille, dem »einfachen Leben«, besuchen Meditationskurse, wenn sie Zeit und Geld dafür haben.

Ist es möglich, in unserem Leben, das heißt in unserem Alltag auch die Ruhe zu bewahren, die Zeit für die Stille zu finden?

Wir sind keine Aborigines, können ihre Weise zu leben nicht imitieren, aber lernen können wir von ihnen: Dadirri, hören! Bewußt zuhören auf das, was um uns ist: die Menschen bewußter wahrzunehmen, die Natur auch, die Intensität stiller Augenblicke, auf den eigenen Atem zu achten, die Augen zu schließen ...

Hören kann gelernt und geübt werden, es macht uns gelassener und freier.

Für Menschen am Ende ihres Weges ist es gut, Begleiter zu haben, die das Stillsein aushalten, die ein wenig Gelassenheit und Ruhe mitbringen, die sie nicht belästigen und ihre Ohren nicht beleidigen mit überflüssigem Wortgeklingel.

»Wenn ein Mensch stirbt, steht die Zeit still«, sagt man in Afrika. Vielleicht verliert dann vieles oder alles, was bisher wichtig war, an Bedeutung. Oder gibt es doch noch einen Wunsch, eine letzte Bitte, eine Frage?

Was will der Sterbende uns sagen?

Was möchte er von uns hören?

Verdichtet sich das Leben noch einmal, ehe es erlischt? Das Sterben ist bei Menschen so verschieden: todmüde und erschöpft, sanft und still – aber auch ganz anders ...

Wir wissen nicht, was am Ende geschieht. Der Prozeß des Sterbens betrifft den, der seinen Abschied nimmt, er betrifft ihn unmittelbar und ganz persönlich. Die Zurückbleibenden erfahren den Abschied anders: mittelbar, mitbetroffen, staunend, erschüttert.

Die Todeserfahrung ist immer der Tod des anderen; wir fragen uns, wie wir damit überleben können, ohne zu verzweifeln.

Wo stehst du selbst in deinem Leben, bist du gerne auf der Welt? Kannst du Abschiednehmen(-müssen!) nachempfinden?

Bist du mit dem Herzen dabei? Kannst du den Sterbenden als Mitmenschen annehmen, achten und lieben? Bist du mit ihm versöhnt, kannst du ihm verzeihen, wenn es etwas zu verzeihen gibt?

Kannst du darauf verzichten, über den Sterbenden zu bestimmen, ihn zum »Betreuungsfall« zu machen?

Kannst du es aushalten, daß der Sterbende dich manchmal ablehnt, daß er aggressiv ist?

Bist du wachsam genug zu erspüren, was der Sterbende will? Kannst du seine Wünsche und Bedürfnisse erfüllen helfen, selbst wenn sie deinen Vorstellungen oder Überzeugungen nicht entsprechen?

Kannst du jederzeit zurücktreten, wenn ein anderer Mensch »deinen« Platz einnehmen möchte?

Hast du selbst Kraft und Lebensmut, wenn das Leben eines anderen endet, wenn du ihn loslassen mußt und die Trauernden dich noch brauchen?

Wo kannst du »auftanken«? Was gibt dir Halt, Zuversicht, Freude?

Nie ist eine Familie als System oder Gefüge so verletzlich und so bedürftig wie angesichts einer schweren Erkrankung und dem bevorstehenden Tod eines ihrer Mitglieder.

Beachte deine eigenen Gefühle
Es ist verständlich, daß du selbst betroffen bist, angerührt, vielleicht schockiert. Abschied und Tod sind existentielle Erfahrungen, die uns unsere eigene Endlichkeit vor Augen führen, uns vielleicht an schmerzlich Erlebtes erinnern.

Rette die Normalität
Sterben ist ein Teil des Lebens! Achte darauf, daß der soziale Tod nicht vor dem physischen gestorben wird.

Sorge für ein freundliches Klima, indem du selbst offen und zugewandt, gesprächsbereit und heiter bist. Bring den Sterbenden und seine Familie, so gut es geht, miteinander ins Gespräch.

Denke dabei daran, daß die Familie kein homogenes System ist. Es gibt keine Familie, in der nicht auch noch etwas ausgesprochen oder geklärt werden kann oder sogar muß. Versöhntsein macht Sterben und Trauern leichter!

Leben und Sterben ist ein Prozeß
Die Situation zu erfassen und zu akzeptieren ist für den sterbenden Menschen und seine Angehörigen in der Regel sehr schwer.

Wahrhaftigkeit am Krankenbett heißt zunächst, sensibel hinzuschauen und hinzuhören, und anschließend behutsam »die Zeit danach« in den Blick zu rücken.

Dadurch wird der Schock des endgültigen Abschieds gemildert und werden die Weichen für die Familie gestellt, sich wieder dem Leben zuzuwenden, wenn die Zeit reif ist.

Durch eine längere Erkrankung wird häufig schon ein Stück »Trauerarbeit« vorweggenommen.

Begleitung kann dich bereichern

Menschen in der Abschiedsphase des Lebens nahe zu sein und ihre Familienangehörigen zu unterstützen kann dich selbst bereichern, deine eigene Todesangst mildern, dich lehren, daß das Leben kostbar ist.

Wenn du selbst Hilfe und Beratung brauchst, scheue dich nicht, sie zu erbitten.

Leben, lieben, lachen – leiden?

Über das Mitleid

Als ich Elli K. kennenlernte, war sie fast fünfzig Jahre alt. Schon ihr halbes Leben lang war sie gelähmt, lag im Bett, saß im Sessel: Sie litt an Multiple Sklerose, einer fortschreitenden Nervenerkrankung. Ein Bündel Mensch, beinahe bewegungsunfähig, nur Sprachlaute von sich gebend, aber geistig wach und aufmerksam, jede Regung, jedes Wort aufnehmend, mit den dunklen, großen Augen fragend, antwortend, zustimmend, ablehnend.

Mann und Sohn lebten mit ihr in der kleinen Wohnung. Das Leben spielte sich seit Jahr und Tag vorwiegend im Schlafzimmer ab, blaue Tapeten mit gelben Sternchen, dichte Gardinen, mattes Licht, auch im Sommer.

Hier hatte sie vor Jahren die Hausaufgaben des Jungen beaufsichtigt, ihm beim Spielen zugeschaut, ihm erklärt, wie das Essen zuzubereiten, die Wäsche zu waschen sei. Sie hatte ihrem Mann zugehört, wenn er abends heimkam und erzählte, ihm zugesehen, wie er eine Flasche nach der anderen leerte. In dem unbenutzten Wohnzimmer stand der Rollstuhl, auch er unbenutzt. Über ihrem Bett hing das Hochzeitsfoto: das junge Paar gesund und lachend, bildschön.

»Wir wollen kein Mitleid«, sagte der Mann, »nur Hilfe, die wir auch bezahlen können.« Sie nickte.

Ich gehe bedrückt und gedankenvoll nach Hause. Was für ein Leben, denke ich, frage mich, warum Elli dort liegt und nicht ich, spüre Mitleid mit der Frau, dem Mann, der ganzen Situation, merke, daß meine Augen naß werden.

Sollte ich das lieber abwehren?

Was ist Mitleid?

»Von Beileiderweisen bitten wir abzusehen.« Was wird befürchtet, wenn dies unter der Anzeige steht, die Tod und Beerdigung eines Angehörigen bekanntgibt? Sollen Zeichen von Emotionalität, der Ausdruck oder vielleicht ein Ausbruch von Gefühlen, Tränen, Schluchzen, vermieden werden? Macht es angst, oder ist es peinlich, daß man dabei möglicherweise selbst die Fassung verliert? Oder glaubt man es den Menschen nicht, wenn sie einem die Hand hinhalten, wenn sie stumm nicken oder stammeln: »Es tut mir leid?« Welche Erfahrung muß dahinterstehen, wenn jemand sagt: »Ich werde doch keinem Gelegenheit geben, sich an meiner Trauer zu weiden.« Was ist Mitleid?

»Mitleid entspringt einem sentimentalen Gefühl und ist kein guter Ratgeber« – wo las ich das doch kürzlich? Es wird behauptet, daß Mitleid Veränderung verhindere: Behinderte, Kranke, Arme, in Not Geratene brauchen kein Mitleid, sie wollen Gerechtigkeit – sonst nichts! Wenn in einer gerechten Gesellschaft jeder bekomme, was ihm zusteht, werde jedes Mitleid überflüssig.

Wie bitte? Wer aber nimmt das in die Hand? Wer kann eine durch und durch gerechte Welt schaffen? Was sind überhaupt die Motive für gerechtes Handeln? Entspringen sie einer humanistischen Ethik oder christlichen Gefühlen?

Schon wieder Gefühle! Lassen die sich nicht mit den Tränen wegwischen, abwehren zugunsten objektiver Rechtsansprüche? Ist es nicht vernünftig, wenn ich Menschen gerecht und gut behandele? Folge ich damit nicht einem ureigenen inneren Gesetz, nämlich dem anderen das zu tun, was ich mir selbst auch wünsche, und das zu unterlassen, was ich mir nicht antun lassen möchte?

Reicht das? Kann und will ich diese aufsteigenden Emotionen des Mitleids beiseite lassen und vernünftig sein:

»Was du nicht willst, daß man dir tu', das füg auch keinem anderen zu...«

Lassen wir zunächst das Mitleid Mitleid sein, eine sentimentale Reaktion – vornehmlich von Frauen –, eine altmodische Tugend. Fragen wir nach dem Leid. Das ist eine ebenso schwierige, dunkle Frage wie die Frage nach dem Tod. Wozu? Warum?

Das Leid kann gemildert, auch verhindert werden, vor allem das Leid, das Menschen anderen Menschen zufügen durch Rücksichtslosigkeit, Dummheit auch, durch Gewalt, durch Unterdrückung, Unterwerfung, durch Krieg im Großen wie im Kleinen, im eigenen Haus... Aber ist ein konsequentes, endgültiges Ausweichen vor dem Leid überhaupt möglich? Haben wir einen Rechtsanspruch darauf, jederzeit ohne Leid zu leben und wenn ja, wo ist er einzuklagen?

Wir haben es – letztendlich – nicht in der Hand, ob wir leiden – oder sterben. Es geschieht.

Die Erfahrung des Leidens ist auch eine Grunderfahrung menschlicher Existenz, allgemein und doch individuell, für jeden einzelnen so unterschiedlich wie das Erleben des Todes. Es ist »normal«, es ist menschlich, daß wir, wenn Leid unser Leben überschattet, voller Angst sind, voller Trauer und Verzweiflung, voller Wut, und daß wir voll Sehnsucht denken, es möge ein Ende haben, vorüberziehen, sich wandeln.

Nein, wir haben keinen Grund, das Leid zu glorifizieren und ihm dabei zu unterstellen, es habe »umgestaltende Kraft«, es führe zu Reife und Weisheit.

Das mag sein – oder auch nicht. Wir sind manchmal sehr freigiebig mit »klugen« Sprüchen, vor allem, wenn es uns selbst einigermaßen gut geht und wir nicht leiden müssen; wir sollten sorgsam damit umgehen.

Immer wenn einem Menschen Leid widerfährt, ist er gefährdet – ob ihm das bewußt ist oder nicht –, bedarf er der Mitmenschlichkeit, braucht er Anteilnahme, Verständnis, Schutz und Hilfe. Keiner weiß von sich selbst, ob er wirklich Lebensenergie genug hat, um allein standzuhalten, auszuharren, nicht zu verhärten, nicht zu verzweifeln, nicht todessüchtig zu werden.

Wenn also in manchen Zeiten oder in bestimmten Situationen menschliches Leid nicht zu verhindern ist, ist dann das Mitleid nicht doch unersetzlich? Mitleid als die Fähigkeit, das Leid anderer wahrzunehmen, mitzutragen, um es dadurch zu lindern?

Leben zu schützen und Gerechtigkeit zu üben ist richtig und vernünftig. Doch wir sind auch emotionale Wesen, haben die Gabe, uns in andere hineinzuversetzen, die Nöte und Wünsche anderer mitzubedenken. Wechselseitiger Beistand und Solidarität haben ihre Wurzeln in dieser menschlichen Grundausstattung: Mitmensch zu sein, mitzufühlen und mitzuleiden. Die Entfaltung oder die Verkümmerung dieses Talents ist abhängig von Impulsen: von Erziehung, Anregungen und Vorbildern.

Wenn Mitleid als angekränkelte Sentimentalität diskriminiert wird, wenn Krankheit, Sterben, Trauer, Leid und Not erbarmungslos ausgegrenzt werden, nimmt unsere Menschlichkeit Schaden, werden wir unmenschlich. Es besteht die Gefahr, daß unsere Fähigkeit, sich zu kümmern, daraufhin umschlägt in Haß und Destruktion. Um sich vom Anblick des Leidens zu befreien, darf dann sogar getötet werden! Fälschlicherweise wird dies »Töten aus Mitleid« genannt. In Wirklichkeit aber ist es eine Verweigerung des Mitleids, eine Perversion, es ist Barbarei.

Wie hieß das doch im sogenannten »Dritten Reich«: Vernichtung lebensunwerten Lebens! Sobald der Mensch definiert wird über seine Leistung, über seine Nützlichkeit, ist er nichts mehr wert, wenn er nicht mehr nützlich ist.

Wenn ich mich selbst über meine Nützlichkeit definiere, was bleibt, wenn ich nicht mehr nützlich bin? Verliere ich dann das Recht auf Leben? Eine solche Einstellung ist im wahrsten Sinne des Wortes lebensgefährlich!

Der Mensch, der sich dem Mitmenschen mitfühlend und im Rahmen seiner Möglichkeiten unterstützend und helfend zuwendet, geht nicht leer aus, er wird nicht ärmer. Es reift in ihm etwas, wozu auch Leistung und Titel ihm nicht verhelfen können: Menschlichkeit, Mitmenschlichkeit.

Solidarität ist keine Einbahnstraße: Ich lerne, was Leben auch ist und wie schnell Rollen sich verändern, auch vertauscht werden können; daß es manchmal schwer, aber wichtig ist zu lernen, selbst der Bedürftige, der Bittende, der Beschenkte zu sein; ich lerne, anzunehmen ohne Selbstverachtung, ohne Gefühle von Schuld und Demütigung. So kann Dankbarkeit aufkommen, eine wechselseitige Freude, eine Selbstverständlichkeit, etwas Menschenwürdiges. Das, was wahres Selbstbewußtsein meint, ist wohl eine Begleiterscheinung dieser Erfahrung und Erkenntnis! Der Mensch bedarf des Menschen, um Mensch zu sein. Das Wort »Mitleid« – eher verpönt – ist neu zu bedenken. Mitleid: ein starkes Gefühl, etwas Leidenschaftliches, eine Passion. »Compassion« meint in der englischen und in der französischen Sprache ein tatkräftiges Mitgefühl!

Elli, von der ich eingangs erzählte, und viele Ellis verkünden ohne Worte eine Botschaft, die wir annehmen sollten: Das Leid gehört zum Leben wie der Tod, es ist dunkel und schwer.

Mitleiden und miteinander leiden ist so notwendig und so heilsam wie miteinander lachen.

Trauer trägt mich – wohin?

Sie sitzt allein auf der Bank, hinter sich das feuchte Dunkel, die hohen Tannen. Vor ihr, ein wenig entfernt, der kleine See in der Morgensonne, aprilkühl, Trauerweiden am Ufer.

Heute vor einem Jahr starb der Mensch, mit dem sie ein Vierteljahrhundert zusammengelebt hatte. Zwei gemeinsame Kinder, ein kleines Haus, der Garten voller Johannisbeeren und Rhabarber, Rosen und Rittersporn, unter den Büschen blaßblaue Veilchen.

Die Zeit hat die Wunden nicht geheilt. Aber sie weint nicht mehr so oft, bewegt sich wieder sicherer, bewahrt Haltung, wenn die Kinder fragen, wie sie sich fühle, wenn die »Entfernteren« sie loben, wie gut sie aussehe, wie stabil sie doch sei.

Sie hatte nach langem Ehekampf gelernt, gelassen und freundlich zu sein, mit viel weniger Hoffnung und mit viel mehr Geduld, Dankbarkeit auch dann und wann durchs Leben zu gehen. Es war eine kurze, beinahe glückliche Zeit gewesen, da wurde er krank. Mit dem Tempo, mit dem er sich durch sein Leben bewegt hatte, immer schnell, entschlossen, vorwärtseilend, aufs Ganze setzend, war er auch in den Tod gegangen.

Wie oft hat sie ihre gemeinsame Zeit in der Rückblende neu belebt, sich erinnert. Und immer wieder diese tiefe Trauer, die sie wie eine dunkelblaue Wolke umfängt. In dieser Wolke verlebt sie ihre Tage und Nächte. Dreihundertfünfundsechzig Tage und Nächte.

Sie hat sich daran gewöhnt, daß die Trauer zu ihr gehört wie ehemals der Mann, der immer besser, immer schneller war als sie selbst.

»Bist du immer noch sehr traurig?« fragt sie sich manchmal.

»Und wenn du nicht mehr traurig bist, was wird dann sein? Wohin trägt mich die Trauer«, fragt sie sich, »wohin?«

Das Wort »Trauerarbeit« stammt von Sigmund Freud. Vielen geht es schnell über die Lippen, zu schnell, denke ich. Aufs Arbeiten verstehen wir Deutschen uns ja recht gut. Wer viel schafft, hat viel. Man muß nur wollen, die Zähne zusammenbeißen, sich anstrengen.

Ist das Wort »Trauerarbeit« (oder Trauerschwerstarbeit) wirklich glücklich gewählt? Es suggeriert zielgerichtete Entschlossenheit, Mut und Kraft, damit möglichst bald ein vorzeigbares Ergebnis erreicht wird.

Ach, und was ist, wenn die Kraft, die Entschlossenheit und der Mut fehlen? Wenn statt dessen lange, tiefe Verzweiflung, Kraftlosigkeit, das Gefühl der Sinnlosigkeit das gesamte Denken und Empfinden überfluten, den Körper krank machen und den Schlaf rauben?

Der britische Trauerforscher John Bowlby hat jahrelang Menschen beobachtet, die einen schweren Verlust erlitten hatten. Wenn wir unsere eigenen Erfahrungen zu Rate ziehen, kommen wir zu ähnlichen oder gleichen Ergebnissen: Zunächst ist da der Schock, ausgelöst durch die Schreckensnachricht, durch die Gewißheit, daß etwas Unwiderrufliches sich ereignete.

Die sogenannte *Schockphase* ist gekennzeichnet durch Fassungslosigkeit, Ratlosigkeit, auch durch Erstarrung, besonders bei plötzlich und unerwartet eingetretenem Verlust. Häufig zwingen jedoch konkret sich stellende Aufgaben und Erfordernisse – beim Tod etwa die Vorbereitungen für die Beerdigung – dazu, sich aus der Erstarrung zu lösen. Kontrolliert, manchmal hektisch, häufig ohne wirkliche innere Beteiligung wird geregelt, was zu regeln ist. Vernunft und Tapferkeit sind nun gefragt. Der Schmerz hat die Seele noch nicht in Beschlag genommen.

Die *Phase der Regression* folgt als emotionales Chaos, als Zusammenbrechen der bisherigen Daseinswelt, besonders bei dem Verlust einer nahestehenden Person, etwa des Partners, eines Kindes, eines engen Freundes, eines Elternteils. Das Beziehungsgefüge, das uns stützt und trägt, ist ins Wanken gekommen; manchmal wird es als nicht mehr vorhanden erlebt: »Ich bin mutterseelenallein auf dieser Welt!« Übergroße Verletzbarkeit, Empfindlichkeit, äußerer und innerer Rückzug wechseln mit Mißtrauen, Zorn und Wut, Anklage an Gott und die Welt, an den Toten selbst. Immer wieder wird die Frage nach dem Warum gestellt. Auch der Wunsch, selbst zu sterben, gehört in diese Zeit tiefer Verwundung, von der manche Menschen behaupten, daß die Zeit sie heilen werde. Wir alle wissen, Wunden, die nicht gut behandelt, die nicht versorgt werden, schwären lange, die Narben brechen immer wieder auf, tun weh.

Die anschließende *Phase der Annahme*, der Akzeptanz, bahnt sich immer nur allmählich an, folgt nach Monaten oder oft viel später. Die Annahme: Es ist, was es ist!

Die geliebte Person wird »inkorporiert«, im eigenen Inneren aufgebaut. Die Trauer verändert sich. »Ich fühlte mich lange wie amputiert, als ginge ich an Krücken, ich dachte, nie mehr werde ich richtig laufen können. Jetzt ist es besser. Ich bin selbst erstaunt, weil ich es mir nicht mehr vorstellen konnte. Ich lebe wieder, ohne ihn. Und doch verbunden, anders.« Sie bricht in Tränen aus. Beruhigung, Zuversicht, Lebensfreude, Zuwendung zur Umwelt mit innerer Beteiligung stellen sich wieder ein, aber nur sehr langsam.

Der Trauerprozeß muß in Gang kommen, damit nicht Schaden entsteht in Form von psychischen Erkrankungen,

Depression, Verhärtung, Vereinsamung, somatischen Beschwerden.

Tod, Abschied, Verlust setzen in hohem Maße Emotionen frei und damit eine Vielfalt gesellschaftlich unterdrückter, nicht öffentlich zugelassener Gefühle. Unsere abendländische Tradition lehrt uns, unsere Gefühle möglichst nicht zu zeigen. Das tut uns nicht gut!

Wo der Schmerz zugelassen, wo geweint, geschluchzt, auch gehadert und gewütet wird und werden darf, kann die Seele neu zu Atem kommen. Trauernde haben das Recht, ungerecht zu sein!

Gemeinsames Trauererleben löst in hohem Maße Solidarität aus, die hilfreich ist, heilsam und tröstend. Die »Medizin« für den Menschen, der trauert, ist der Mensch, der mit ihm trauert, mit ihm die Trauer teilt.

Rituale haben eine tröstende und heilende Funktion. Sie unterstreichen die Endgültigkeit des irdischen Abschiednehmens und damit auch die Realität des Todes, die nicht geleugnet werden darf.

Die Privatisierung von Tod und Trauer und der damit zusammenhängende Verlust von Bräuchen und Riten hat manche Ursachen, die nicht erst in der letzten Zeit entstanden sind.

Familien sind heute meistens nur noch »Lebensgemeinschaften auf Zeit«, sie existieren vor allem als Beziehungsgemeinschaften, teils mit, teils sogar ohne festen gemeinsamen Bezugspunkt. Damit verändern sich auch die Strukturen gesellschaftlichen Zusammenlebens.

Die Kirchen, Gemeinde, Religion, jahrhundertelang prägend, bestimmend, auch stützend, verlieren für viele an Bedeutung. Individualität, verstanden als die Möglichkeit, ein eigener und einzelner zu sein mit dem Recht auf Selbstentscheidung und Selbstentfaltung, kritisch dem Althergebrachten gegenüber, macht auch einsamer.

Langsam nur entsteht Neues, wo Altes versinkt. Es dauert seine Zeit, bis Altes durch das Neue ersetzt ist, bis neue Sitten, Riten und Bräuche entstanden sind, die an die Stelle bisheriger treten und die den Menschen von heute bei ihrer »Trauerarbeit« helfen. Voraussetzung dafür sind der Mut, dieses den veränderten Neigungen und Bedürfnissen der Menschen von heute entsprechende Neue zu suchen, es zu versuchen, und die Kraft, ungewohnte Wege zu beschreiten.

Trauer darf kein Gefängnis sein. Trauer darf nicht Selbstzweck werden. Trauer verbindet mit dem, den man verloren hat. Aber sie darf keine Mauer den Lebenden gegenüber errichten. Trauer bedarf es um des Lebens willen, damit die durch den Verlust veränderte persönliche Lebenswelt akzeptiert werden kann; erst dann ist Hinwendung zum Leben wieder möglich.

Sie sitzt nicht mehr im Schatten des Waldes auf ihrer Bank.

Zeit ist vergangen, tropfend, langsam – dann wieder eilend wie Wolken, die vorübersegeln.

Am Todestag ihres Mannes blieb sie allein mit Erinnerungen, Trauer und Tränen.

Sie ist getröstet worden, manchmal wirklich so, daß es ihr guttat: lieb, leise, behutsam. Sie hat sich Trost geholt, aber eher selten. Und sie hat sich auch wehren müssen gegen Ausfragerei, Kopf-hoch-Parolen, fromme Sprüche, verletzende Ratschläge...

Jetzt erst kann sie sich selbst trösten. »Weine nur«, sagt sie sich, »es ist auch ein Zeichen von Leben.«

Das Leben wird nicht leichter, es ist anders, ohne diese Verzweiflung, ohne dieses schmerzhafte Gefühl von Trostlosigkeit und Verlorensein.

Wohin trägt mich die Trauer, wohin?

Es scheint ihr, als hätte sie in sich selbst etwas entdeckt, was sie früher nicht kannte: eine seltsame Intensität im

Wahrnehmen und Fühlen. Alles Helle erscheint ihr heller, das Dunkle dunkler. Die Freude über die Löwenzahnwiese, der Schmerz der Erinnerung: Sie kann nicht mehr einfach über etwas hinweggehen, alles berührt sie tief. Und sie will es so belassen.

Sie beschließt, am Sonntag ein paar Gäste einzuladen, die Kinder, wenn sie Lust haben, und Nachbarn. Wie früher. Und doch wird es anders sein.

Lebenswichtig

Wie komme ich in meiner Trauer, nach langer Zeit des Trauerns wieder zum Leben?

Ich darf weinen, ich lasse meinen Tränen freien Lauf, sie sind das Bad meiner Seele.
Ich lasse Menschen in meiner Nähe sein, bei denen ich Vertrautsein, Verbundenheit erfahre. Ich weiche ihnen nicht (mehr) aus, wir brauchen einander.
Ich lasse mich trösten. Wo mir leise und verständnisvoll Trost begegnet, nehme ich ihn an. Trauern und Trösten gehören zusammen.
Ich verlasse mein Schneckenhaus!
Ich öffne meine Sinne, erlebe die Natur: das Wachsen, Reifen und Vergehen – Sonne, Blumen und Gras, Wolken, Weite und Wind . . .
Ich besuche wieder ein Konzert, eine Ausstellung, ein Kino, allein oder mit Freunden, Kollegen.
Ich erlaube mir die Intensität und Spontaneität meiner Gedanken und Gefühle. Ich möchte wieder fühlen, was Leben (auch) ist: Freude und Schönheit, Lachen, Lieben und Hoffen.
Ich sorge gut für mich, denn ich lebe!
Ich gönne mir glückliche Augenblicke.
Ich will sehen, wer meine Aufmerksamkeit und Hilfe braucht, vielleicht meinen Trost.
Ich weiß: Nur Trauernde können Trauernde trösten. Wer Trauer durchlebt hat, der ist dafür begabt.

Möge der Tod uns lebendig finden
und das Leben uns nicht tot!

Mitmenschen, von denen sie ernstgenommen werden, die Achtung und Ehrfurcht haben vor ihrem Leid, auch dem der Kinder, die sensibel sind, einfühlsam, leise, die nicht belehren, erklären, Ratschläge geben wollen

Mitmenschen, die herzlich sind, ohne sich aufzudrängen, die das richtige Maß von Nähe und Distanz erspüren, die etwas aushalten können, ohne von Trauer und Verzweiflung angesteckt und weggeschwemmt zu werden

Mitmenschen, die geduldig und besonnen bleiben, wenn die Trauernden den Kopf verlieren, die das Nächstliegende tun, ohne zu entmündigen, ohne Ohnmachtsgefühle zu verstärken: den Ablauf des Alltags sichern, Essen und Trinken anbieten, sich um die Kinder kümmern

Mitmenschen, die diskret sind und nicht beleidigt, wenn man sie wegschickt oder ihre Hilfe nicht mehr braucht, die treu und verläßlich so lange mittrauernd begleiten, wie es dem Trauernden hilft, wieder zum Leben, zu Hoffnung und Freude zurückzufinden

Mitmenschen, die wohl um ihre eigene Motivation wissen, aber selbst nicht abhängig sind von Dank und Anerkennung

Friedhof – Ort der Toten, Ort im Leben

»Hier möchte ich einmal begraben liegen«, sagte der Großvater jedesmal, wenn sie nach einem dreistündigen Aufstieg in Köfels, einem Weiler hoch über dem Ötztal, angelangt waren – das war in den Sommerferien, die die Kinder einige Male mit den Großeltern in Tirol verbringen durften. Für das Kind hatten die Worte des Großvaters nichts Schauerliches oder Befremdliches an sich, er sprach so selbstverständlich und gelassen von seinem Tod und war doch beruhigend kraftvoll und lebendig vor ihm her gestiegen. Als er im Alter von über achtzig Jahren plötzlich starb, ließ die Großmutter ihn dennoch nicht in »seinen« Bergen, sondern in der Stadt beerdigen. Auch das konnte die Enkelin damals gut verstehen: Ihn, den Toten, würde es nicht mehr anfechten, für die Großmutter dagegen, selbst hochbetagt, wäre es schmerzlich gewesen, sein Grab nicht in ihrer Nähe zu wissen. Bald würde dort ja auch ihr Platz sein – wie im Leben, so im Tod an seiner Seite.

Während das Grab für die Großmutter der wirkliche Ort war, mit dem vertraut zu machen ihr noch einige Jahre blieben, ehe auch sie starb, so bezog sich der wiederkehrend geäußerte Wunsch des Großvaters mehr auf einen »inneren« Ort, einen Ort für die Seele, wie man ihn braucht, wenn man sich schon beizeiten mit Gedanken an Tod und Vergänglichkeit auseinandersetzt. Die Wahl eines solchen inneren Orts wird stärker von Gefühlen und Sehnsüchten bestimmt sein als von realen Gegebenheiten – in diesem Fall war die Liebe zur Natur, zu Bergeinsamkeit und Wandern ein notwendiger emotionaler Kontrast im Leben eines Intellektuellen und Großstadtmenschen.

Fällt es uns im Rahmen einer »idealen« Umgebung vielleicht leichter, uns der Einsicht eigener Sterblichkeit anzunähern?

Viele Menschen haben eine besondere Beziehung zu Friedhöfen und malen sich die Umgebung für »ihren« letzten Ort aus. Vielleicht ist es der kleine Bergfriedhof, wo sich die Gräber um die Dorfkapelle scharen und man in sternklaren Nächten dem Himmel und seinen Gestirnen näher zu sein scheint. Oder vielleicht ist es eine neue Friedhofsanlage am Rand einer Gemeinde, da, wo sich einst Obstbäume und Himbeersträucher erstreckten, im Schatten eines Bahndamms und mit Blick auf den Main. Manche Leute sagen, ein Ort, an dem tagsüber die Intercitys und nachts die Güterwaggons vorbeirauschen, sei lieblos gewählt, da doch die Ruhe der Toten hier empfindlich gestört sei. Aber: Von den alten Kirschbäumen sind einige geblieben und tragen reich; im Sommer steigen Buben hinauf und halten Ernte. Außerhalb der Friedhofsumzäunung hat man einen Spielplatz angelegt; fröhliches Treiben und Totenruhe stören sich nicht. Das Geratter der Züge und das Tuten der Schiffshörner verbindet mit der Welt – die letzte Reise könnte auch hier beginnen.

Hier, in der Nachbarschaft der Toten, kann man ungestört über das Leben nachdenken, kann man Zwiesprache mit seinen Verstorbenen halten oder auch nur seine Gedanken schweifen lassen. Eine innere Ruhe kann einkehren, auch wenn es außerhalb der Mauern laut und lärmend zugeht. Unter Bäumen, Büschen und auf Wegen sind Vögel und Eichhörnchen oft die einzigen Begleiter; ringsum wächst und blüht es und riecht doch immer auch nach dem Moder verblühter Kränze und Gebinde. Leben und Sterben liegen nahe beieinander. An einem Grab zu stehen läßt eigenes Leben intensiver verspüren, gleichzeitig aber eine leise Trauer, daß es auch einmal hier enden wird.

»Ich habe meine Toten« – die Mutter, den Vater und den Bruder – »hierher in den Westen nachgeholt, habe sie umbetten lassen«, sagt eine gebürtige Leipzigerin, »ich mußte sie in meiner Nähe haben.« Auch die Toten können ein Stück Heimat verkörpern.

Tod und Leben bedingen einander und sind sich doch feind – in dieser Widersprüchlichkeit liegt der Urkonflikt menschlichen Seins begründet. Damit zu leben kostet viel Energie, setzt aber auch große Kräfte frei. Sie waren eine der Triebfedern bei der Entstehung von Kultur: von Kunst ebenso wie von Glauben und Religion. So entstanden Totenkulte aus einem natürlichen Gefühl den Toten gegenüber, der Ehrfurcht – ein Wort, das die Ehrerbietung gegenüber den Verstorbenen ebenso wie die Furcht vor ihnen benennt. Ehrfurcht hat etwas mit ehrendem Andenken, mit dem Schutz des Leichnams und mit der Fürsorge für die Seele der Toten zu tun. Steinhaufen, Höhlen, Erdgräber, Pyramiden sollten den Korpus schützen; dorthinein wurde alles gegeben, was die Verstorbenen zur »Überfahrt« und für ein »Leben danach« würden brauchen können: Nahrung, Haushaltsgerät, Waffen, Schmuck, bei besonders hochgestellten Persönlichkeiten auch ein Streitwagen, das Pferd, ja sogar die Diener oder die Ehefrau.

Unsere heutige Sorge um das Wohlergehen der Toten besteht weniger aus Materiellem, sondern eher aus Fürbitten und stillem Gedenken, doch gibt es noch Anklänge an heidnische Bräuche: Auch wir geben manchmal noch einen Lieblingsgegenstand mit ins Grab oder kleiden unsere Toten mit dem, was sie bevorzugt trugen; die vielen Grablichter um Allerheiligen mögen ebenfalls solche Relikte sein.

Der andere Anteil des Wortes »Ehrfurcht« ist die Furcht: Die Angst, man könne dem Tod leibhaftig begegnen, und Furcht vor einer Heimsuchung durch die Toten führten in alten Zeiten zu rituellen Opferdarbietungen. So waren die reichen Grabbeigaben nicht nur Fürsorge für die Verstorbenen in der Totenwelt, sondern auch Beschwörung, sie dortzuhalten. Man trug die Toten mit den Füßen zuerst aus dem Haus, damit sie nie wieder zurückkämen, und friedete Begräbnisstätten ein (daher der Name »Friedhof«), manchmal mit so starken Mauern, daß sie in unruhigen Zeiten auch als Burg dienen konnten. Trotzdem blieben Friedhöfe immer unheimliche Stätten, wo es spukte und um Mitternacht die Geisterstunde schlug. Nächtliche Besuche dort waren gefürchtete Mutproben.

Auch dem Kind schauderte es, als es sich – es mag neun oder zehn Jahre alt gewesen sein – zum ersten Mal traute, einen auf dem Friedhof aufgebahrten Toten anzuschauen. Es war eine alte Frau, die da lag, das tröstete: »Nur alte Menschen müssen sterben«, dachte es sich.

Während des Mittelalters wurden die Begräbnisstätten zur Kirche hin verlegt, aus dem Friedhof wurde der Kirchhof. Die Weihe des Gotteshauses, die Nähe der in ihm bestatteten Heiligen und die Fürbitten der Gemeinde sollten für das Seelenheil der Verstorbenen sorgen. Im Zuge der Reformation erhielt der Friedhof zunehmend auch den Charakter der Erbauung der Lebenden und des Memento mori. Die Grabmäler trugen von nun an auch besinnliche Sprüche, die zum Nachdenken über die Vergänglichkeit alles Irdischen einluden.

Daneben bekamen aber auch weltliche Schwächen wie Eitelkeit und Neugierde auf Friedhöfen ihren Platz: Wer hat den schönsten Blumenschmuck, die meisten Kränze, die feierlichste Beerdigung und den aufwendigsten Grabstein? Besonders in südlichen Ländern stehen Pomp und Prunk von Begräbnisfeierlichkeiten und von Grabmalen oft in starkem Kontrast zur Ärmlichkeit des Alltags eines Verstorbenen – der Hütte im Leben steht manches Mal ein wahrer Palast für das Jenseits gegenüber! Sind diese steinernen Wohnungen möglicherweise eher für die Nachwelt errichtet, werfen sie vielleicht einen späten Glanz auf ein kärglich verlaufenes Leben, oder dienen sie dem Renomee mächtiger Familien? Wer sich eine solche Grabstätte leisten kann, hat, für alle sichtbar, einen »Sieg« über irdisches Elend und irdische Wohnungsnot angetreten. Auch der Gedanke, hier habe sich so manch einer im Leben nichts gegönnt, um sich ein posthumes Denkmal zu setzen, drängt sich auf und macht nachdenklich. Ist es doch nicht so weit her mit der Gleichheit im Tod?

Der von hohen Mauern und Zypressen eingefriedete Friedhof einer kleinen Stadt in Apulien gibt beredtes Zeugnis davon: Da türmen sich mit Zinnen bewehrte, betongegossene und marmorverkleidete Grabstätten der reichen Familien, während anderen Verstorbenen nur Nischen in meterhohen Wänden vorbehalten bleiben, die mit Steinplatten verschlossen sind. Ob bei den »Villen« der Vornehmen oder an den Nischenwänden der anderen: Der ganze Ort wirkt steinern; es ist, als wollte man jede Erinnerung an lebenslange Plackerei mit dem kargen Boden des Mezzogiorno hier verbannen. Und doch kommen auch hier Familien mit Enkeln und Urenkeln zu Besuch und bringen mit Blumen Farbe und Hoffnung.

»Nein, keinen Efeu, lieber etwas Buntes, Efeu ist so leblos«, sagte ein alter Mann auf dem Sterbebett ganz entschieden, als ihm sein Sohn die immergrüne Pflanze als Grabschmuck vorschlug, weil sie »so praktisch« sei! Welch feines Empfinden hatte hier der Sterbende selbst, daß ein Friedhof trotz aller Toten kein Ort ohne Leben sein müsse.

»Gottesacker« und »Rosengarten« sind andere Ausdrücke für Friedhof. Acker Gottes, in diesem Bild steckt alles drin: das Leben als harte Arbeit, als Plackerei, in der Hand des Schöpfers; der Umgang mit Erdreich und Pflanzen, das Graben, Säen und Jäten. Wie keine andere Tätigkeit hat ja das Gärtnern einen unmittelbaren Bezug zu Werden und Vergehen: Wo Altes verdorrt, wird Neues keimen, die Erde ist fruchtbarer Boden und Schoß, in den alles heimkehrt. Ein Grab zu pflegen, etwas mit seinen Händen zu tun, wo man untätig zusehen mußte, wie ein lieber Mensch starb, das kann gut tun. Und es bindet in den Wechsel der Jahreszeiten ein, die Trauer um den Verlust kann sich mit der Hoffnung auf einen neuen Frühling trösten – Symbol und Wirklichkeit treffen sich.

Daß unseren Toten die »ewige Ruhe« auf einem Friedhof nicht wirklich gewährt ist, daß Gräber nach fünfzehn Jahren aufgelassen werden können, ist für manche Menschen eine irritierende Vorstellung. Für jüdische Friedhöfe sieht das Gesetz anderes vor: Die Gräber sind für immer angelegt. Schon in dem hebräischen Wort für Friedhof, Beth Olam – Ewiges Haus, kommt das zum Ausdruck. Bei Platzmangel müssen Gräber, wie in Prag, übereinandergeschichtet werden, nur verändert werden dürfen sie nicht. Selbst wenn Grabsteine sich zur Seite neigen und allmählich ins Erdreich versinken, beläßt man sie so, Unkraut darf wachsen. Daß die wechselvolle Geschichte kaum Rücksicht genommen hat auf diese Idee des Friedhofs als einem »ewigen Haus«, daß vielmehr in Wirklichkeit nur wenigen jüdischen Friedhöfen eine ungestörte Ruhe gewährt war, steht auf einem anderen Blatt.

So verschieden die Menschen gelebt haben, so unterschiedliche Vorstellungen haben sie, was mit ihnen nach ihrem Tod zu geschehen habe. Die Erdbestattung sehen viele als eine natürliche Eingliederung in den ewigen Kreislauf der Natur an. Etwas bleibt übrig vom Menschen, Knochen zeugen noch nach Jahrtausenden von seiner Existenz. Aber immer schon haben Menschen ihre Toten auch einem der drei anderen Elemente übergeben, dem Feuer, dem

Wasser oder der Luft. So möchten manche nicht im Sarg »eingesperrt«, mit meterhoher Erde bedeckt und der Fäulnis und Zersetzung ausgesetzt sein. Für sie ist Verbrennung mit so positiven Vorstellungen wie Freisein oder Klärung und Läuterung verbunden.

Majorie W., eine Amerikanerin, die in mittleren Jahren an einem Lungentumor erkrankte, hatte den Wunsch, daß sie nach ihrem Tod verbrannt und ihre Asche über dem Meer ausgestreut werde. Schon unheilbar krank, unternahm sie eine Kreuzfahrt mit dem Zielort San Francisco, wo ihr Sohn lebte. Es wurde buchstäblich ihre »letzte Reise«, sie starb schon unterwegs. Ihr Wunsch wurde später erfüllt.

Anna, erst Ende Dreißig, wollte verbrannt werden. Sie war mit ihrem Mann in den drei Jahren ihrer schweren Krankheit eng zusammengewachsen, beide waren eigentlich unzertrennlich geworden – um so bedrohlicher stand nun Annas baldiger Tod bevor. So hatte sie den Wunsch, daß ihre Asche dereinst mit der ihres Mannes in einer gemeinsamen Urne aufbewahrt werden sollte. Diese Vorstellung gab Trost bei dem Gedanken, daß der Tod sie bald trennen würde.

Die eigene Beerdigung noch selbst zu regeln wird für manche Menschen zu einem wichtigen Akt: Maria S., deren Leben von einem schnell wachsenden, inoperablen Tumor akut bedroht ist, läßt sich, schon auf den Rollstuhl angewiesen, von ihrem Mann auf den Friedhof des kleinen Ortes fahren. Sorgfältig sucht sie mit ihm die Stelle für das gemeinsame Grab aus, bespricht viele Details: welche Pflanzen es schmücken sollen, welcher Baum Schatten werfen wird. Bald darauf stirbt sie. Auf dem Grabstein steht heute unter ihrem Namen schon der seine eingemeißelt, nur das Todesdatum fehlt noch…

Selbst noch Vorsorge zu treffen bis in die Details von

Grab und Begräbnis heißt auch, daß man das Unabänderliche zu akzeptieren beginnt und sich bereit macht. Es kann die Angehörigen entlasten, daß darüber gesprochen werden darf, denn die Gedanken kreisen ja doch unentwegt um diesen letzten Weg. Die Entscheidungen nicht alleine treffen zu müssen, sondern auch den Wunsch und das Einverständnis des Menschen zu erfahren, der bald gehen wird, das erleichtert allen das Bevorstehende.

Für andere Menschen wieder ist es überhaupt nicht wichtig, ihr Ende und das Danach vorsorglich zu gestalten. Sie trennen sich schon vor dem Tod innerlich ein Stück weit von ihrem Körper. Manche wollen noch einzelne Organe spenden, um kranken Mitmenschen damit ein Weiterleben zu ermöglichen, ja, einige vermachen ihren Körper sogar der Anatomie, als Studienobjekt für angehende Mediziner...

»Geboren« und »gestorben«: Monoton ist die Botschaft auf den Grabsteinen, aber sie bezeichnet Anfang und Ende eines Menschenlebens. Beim Lesen der Inschriften hält man inne, etwa wenn Geburts- und Todesdatum identisch sind, dann war schon ein Tag das ganze Leben, oder wenn die natürliche Abfolge nicht eingehalten ist, wenn ein junger Mensch vor den Alten hat gehen müssen, wenn Väter und Söhne im Krieg geblieben sind, auch wenn der Geburtstag eines Kindes zum Todestag der Mutter wurde. Was die Phantasie aus nüchternen Zahlen zu Geschichten reimt, hat das Leben wirklich geschrieben. Grabinschriften, letzte Grüße und vergilbte Fotos: Man muß das Buch nur aufschlagen, um Schicksale darin zu lesen. Manche Gräber werden offenbar längst nicht mehr besucht; auf anderen, selbst da, wo Namen kaum mehr zu entziffern sind, liegen frische Blumen – bei den Juden sind es kleine Steine – und zeugen auf geheimnisvolle Weise vom Nicht-Vergessensein. Wer zu Besuch war, bleibt ein Geheimnis. Die Rosen auf einem Grab: Zeugen sie von einer unerwiderten Liebe, von später Dankbarkeit? Menschen nehmen ihre Geheimnisse mit ins Grab, der Tod lüftet den Schleier nicht.

Der Friedhof mit seinen Gräbern kann Geheimnisse bergen und ist doch ein öffentlicher Ort. Es ist schon eine seltsame Vorstellung, daß wir alle am Ende unseres Lebens aus der Privatheit unseres Zuhauses hinausgetragen werden an eine für jedermann zugängliche Stätte. Dort liegen alle Toten eng benachbart – der Tod erst scheint ein friedliches Nebeneinander möglich zu machen. Auf dem Friedhof bestattet zu liegen bedeutet Öffentlichkeit und Anonymität zugleich: Die Gräber sind alle ähnlich angelegt, die Friedhofsordnung ist für jeden Besucher gleichermaßen gültig. Dem Zug zum offenen Grab kann sich jeder anschließen, jeder kann den Reden lauschen und von den Kranzschleifen die Freunde ablesen – die wirklichen und die selbsternannten. Am Abend werden die Tore für alle geschlossen.

Hans K. war ein Bildhauer und Goldschmied. Er erkrankte jung an Krebs und verlor nach zähem Ringen den Kampf gegen seine Krankheit. Er starb, nur noch ein Schatten seiner selbst, in voller Klarheit, bis zuletzt von Familie und Freunden umgeben. Sein Begräbnis hatte bei aller Öffentlichkeit eine große Intimität an sich: Nicht unbeteiligte Friedhofsangestellte, sondern die Künstler-Freunde selbst schulterten die leichtgewordene Last; ihnen folgte die junge Witwe mit den drei kleinen Kindern. Sie trugen den Verstorbenen den heckengesäumten, kiesbestreuten Weg entlang zum Grab; wohl wurde nie ein Sarg so sacht und behutsam ins Erdreich hinabgelassen wie dieser.

Öffentlichkeit des Grabes heißt auch, daß man Menschen, deren Bücher, deren Musik man liebt und verehrt, besuchen kann, sei es Kafka in Prag, Beethoven in Wien oder Jim Morrison in Paris. Es gibt Grabstätten, zu denen wahre Wallfahrten veranstaltet werden: Der prominente Tote gehört jetzt allen; konnte man im Leben nicht an ihn herankommen, so hat man nunmehr freien Zugang zu seinem Grab.

Schnell in Vergessenheit gerät der Tote, ja sogar der Tod selbst, wo es kein Grab gibt: verscharrt im Armengrab, abtransportiert nach Buchenwald, vermißt in Rußland oder unter den Trümmern von Dresden. Mit der letzten Stätte selbst fehlt auch ein intimer Ort für die Trauer. Gedenktafeln und Kriegerdenkmäler eignen sich schlecht für eine Zwiesprache; wir wollen »unseren« Toten, nicht nur den Helden oder das Opfer. Verdun: Ein riesiges Schlachtfeld ist zum Gräberfeld geworden, auf dem namenlos die Totenkreuze in Reih und Glied stehen wie einst die Soldaten im Feld – es gibt kaum eine eindringlichere Mahnung an die Kostbarkeit und Unwiederholbarkeit von Leben!

Die beiden Frauen auf dem portugiesischen Friedhof, nahe am Meer und windumbraust, sind schon Witwen, solange sie denken können. In schwarze Kopftücher und Kittelschürzen gekleidet, hantieren sie eifrig mit den Gießkannen. Nur eine der vielen Spuren in ihren verwitterten Gesichtern hat der Kummer hinterlassen, die übrigen die Arbeit, die Armut und die unbarmherzige Sonne. Selbstverständlich und geschickt bewegen sie sich zwischen den Gräbern, kennen jedes genau. Für das Foto stellen sie sich neben den Gräbern ihrer Männer in Positur; verschämt lachend und winkend werden sie wieder zu den Bräuten von einst. Von jedem Grab erzählen sie Geschichten. Daß die Besucher kaum Portugiesisch können, stört sie nicht; ebenso genügt es, einige Brocken zu verstehen, um die Phantasie schweifen zu lassen. Die Frauen zeigen auf ein Grab, das einen Fremden, einen Deutschen, beherbergt; er hatte sich zu weit hinausgewagt – mit großen Gesten weisen sie auf das Meer – und mit dem Leben bezahlt. Nicht nur die Gräber der eigenen Familie, auch die anderer Familien halten die beiden Alten geschmückt; der Friedhof ist ihre Welt geworden. Wenn sie einmal selbst hier ruhen werden, wird sich kaum etwas ändern: Andere mit den gleichen Tüchern und Schürzen werden ihre Stelle einnehmen.

Eine junge Familie am Grab ihres Neugeborenen: Die Eltern haben ihr Baby, die Neun- und der Vierjährige ihr Brüderchen verloren. Liebevoll halten alle den kleinen Hügel geschmückt. Blumen, Kerzen, ja sogar Spielzeug, das die Geschwister aufs Grab gelegt haben, künden davon, daß hier ein Mensch begraben wurde, der kaum zu leben begonnen hatte und nun in den Herzen dieser Menschen weiterlebt. Die Eltern sagen, sie brauchen den Ort als solchen, allein schon dazu, um ihre Traurigkeit hinzutragen – bald nach der Beerdigung gab es von anderen Seiten nur noch wenig Verständnis dafür. Es scheint, als müßten in unserer schnellebigen Zeit Tränen und Trauer ebenfalls rasch ausgeweint und ausgestanden sein, sonst gerät man ins Abseits. Hier auf dem Friedhof sind sie erlaubt: Viele Kindergräber reihen sich aneinander, gemeinsame Schicksale, man ist nicht allein, spricht miteinander, erzählt sich sein Leid. Eine Mutter kommt schon seit Jahren her, sie hatte nur dieses eine Kind, ein Mädchen. Auf dem Foto am Grabkreuz trägt es sein Kommunionskleid und eine große, geschmückte Kerze. Daß wie die Kerze auch das Lebenslicht der Tochter schon bald darauf erlöschen sollte, kann die Mutter noch immer nicht begreifen; das Licht auf dem Grab läßt sie nicht ausgehen.

Wege kreuzen sich auf dem Friedhof; einmal wird jeder Lebensweg hier enden. Über den Tod selbst ist auch an diesem Ort nichts zu erfahren. Doch wird in Anbetracht fremder Schicksale und im Erinnern an Menschen, die man kannte und die hier begraben liegen, eigene Vergänglichkeit angemahnt. Zugleich mag der Gedanke trösten, daß es uns nicht anders ergehen wird als schon so vielen Menschen vor uns.

Wenn die Stunde schlägt...

Der Tod – ein privates und öffentliches Ereignis

»Ich habe meinen Mann nach seinem Sterben viele Stunden zu Hause behalten. Die Nachbarn und der Pfarrer sind gegangen. Ich wollte mit ihm allein sein, ganz privat. Verstehen Sie das? Erst am nächsten Morgen habe ich den Arzt angerufen, wegen der Bescheinigung, und dann alles das in Gang gesetzt, was sein mußte.«

Ist der Tod ein privates Ereignis?

»Privat« heißt »nicht öffentlich«, nur die eigene Person betreffend oder Menschen, die eng zusammengehören. Ich gebe dir meine private Telefonnummer, sie ist ausdrücklich für dich bestimmt, du hast die Erlaubnis, mich anzurufen. Wir sagen »meine Privatsphäre« und wünschen und fordern, daß sie respektiert wird. Ich möchte dich privat sprechen – es geht um etwas Vertrauliches, Persönliches.

Das Private bedarf in besonderer Weise der Beachtung und des Schutzes. Es ist wie eine zweite Haut. Wenn ich einen anderen Menschen an meinen »privaten Angelegenheiten« teilnehmen lasse – dazu gehören meine ganz persönlichen Gedanken und Gefühle, meine Wertvorstellungen, vielleicht auch das, was mir »hoch und heilig« ist –, dann kann das ein Risiko sein. Ich stelle mich bloß, mache mich verletzbar.

Halte ich einem anderen meine Hand zum Gruß entgegen, drücke ich mit dieser Geste aus: Ich komme in friedlicher Absicht, ich trage keine Waffe bei mir, um dich zu treffen.

Wenn ich einen anderen Menschen einlade, ihn mit zu mir nach Hause nehme – es ist ein Risiko! Ich zeige ihm mein privates Leben: Nicht nur den Raum wird er dann sehen, auch dessen Atmosphäre kann er einatmen. Vielleicht mache ich ihn bekannt mit den Menschen, mit denen ich besonders verbunden bin, die zu meinem Leben gehören, mit meiner Familie – auch das ein Risiko!

Je mehr ein Mensch »veröffentlicht« ist durch seinen Beruf oder während seiner Freizeit, desto stärker wird sein Verlangen, einen Ort zu haben, wo er der unverwechselbare einzelne sein darf, wo er privat ist, und das nicht erst, wenn es ans Sterben geht.

Wenn sich bei einer Umfrage über neunzig Prozent der Befragten wünschen, in den eigenen vier Wänden zu sterben, dann wird hier das Bedürfnis nach einem privaten Rahmen deutlich, der Wunsch nach Intimität.

Aber auch im eigenen Zuhause kann das Private mehr und mehr eingeschränkt sein, wenn Hilflosigkeit und Abhängigkeit zunehmen. Wie schnell kann – wenn Angehörige oder auch professionell Pflegende sich überfordert fühlen oder wenn eine gute emotionale Beziehung sich nicht entwickeln konnte – die Pflege des schwerkranken und sterbenden Menschen zur lästigen Pflicht und der Mensch selbst zu einem ungeliebten Objekt werden.

»Die Verwandtschaft erwartet, daß ich meine Schwiegermutter pflege, darum habe ich es übernommen, mit großen inneren Widerständen.« Bei dieser Frau und Mutter von zwei halbwüchsigen Kindern habe ich diesen Widerstand nicht gleich bemerkt, jetzt, da sie es mir eingesteht, sehe ich den harten Zug um ihren Mund. Sie wurde »dienstverpflichtet«.

Ein Privatleben zu behalten, ein möglichst selbstbestimmtes Leben bis zum Schluß zu leben ist unser aller Wunsch. Er verbindet sich mit dem Gedanken an Menschenwürde. Aber wir dürfen uns nichts vormachen: Wir wissen nicht, ob wir es erleben werden, da wir nur sehr begrenzt Einfluß darauf nehmen können.

Wir haben es zwar selbst in der Hand, uns gegen Unfälle, Arbeitslosigkeit, Feuer, Wasser und den verregneten Urlaub zu versichern.

Doch: Es gibt keine Versicherung, die unser Sterben regelt, die uns ermöglicht, so zu sterben, wie wir selbst es für menschenwürdig halten: möglichst schmerzfrei, ohne allzu große Angst, einen lieben Menschen zur Seite. Auch auf einer sogenannten »Privatstation« ist das nicht gesichert.

In einer Patientenverfügung kann der letzte Wunsch niedergeschrieben werden für den Fall, daß er nicht mehr ausgesprochen werden kann: nicht künstlich am Leben erhalten zu werden, wenn der Prozeß des Sterbens schon begonnen hat. Mit einem vertrauten, verläßlichen Menschen frühzeitig darüber zu sprechen, ihn zu beauftragen, notfalls diese Entscheidung zu treffen, heißt, sich zu Lebzeiten einen Freund zu suchen für das Sterben.

Für uns selbst gut zu sorgen bis zum Ende ist sicher unser Wunsch und unsere Pflicht. Aber wir haben unser Leben nicht immer selbst in der Hand, unserer Autonomie sind Grenzen gesetzt.

Es ist unsere vornehmliche, wenn auch schwierige Aufgabe, für todkranke Menschen ein Stück Privatheit zu retten, wo immer sie sterben, ob in den eigenen vier Wänden oder im Krankenhaus oder im Altersheim.

Immer greifen das Private und das Öffentliche ineinander. Von Anbeginn des Lebens bis zum Abgang. Sobald ein neuer Mensch das Licht der Welt erblickt – ein so intimes, privates Ereignis zwischen ihm und seiner Mutter, seiner Familie, ausgewählten Personen –, wird verlangt, daß er registriert wird beim Standesamt und bei der kirchlichen Gemeinde. Er bekommt einen Namen, der steht vielleicht am nächsten Tag schon in der Zeitung, er wird »veröffentlicht«.

Das Öffentliche ist für jeden sichtbar oder hörbar, es ist nicht heimlich, es ist offenkundig. Wenn ein Gebäude für die Öffentlichkeit zugänglich gemacht wird, hat jeder Zutritt, der sich an ein paar Bedingungen hält. Menschen des öffentlichen Lebens, Politiker, Künstler, genießen vielerlei Beachtung, stehen im »Rampenlicht«. Gleichzeitig zahlen sie dafür einen hohen Preis. Viele kämpfen um ihren privaten Bereich, um den Schutz der Intimsphäre.

Nach dem plötzlichen Tod ihres zwanzigjährigen Sohnes – verunglückt mit dem Motorrad – wollte die schockierte Familie nur eines: allein sein mit ihrem Unglück und ihrer Trauer. »In aller Stille« wollten sie ihn begraben, und von Beileidsbezeugungen wollten sie nichts wissen, ja, sie verbaten sich das nachdrücklich. »Wir halten die Öffentlichkeit nicht aus! Wir wollen unter uns bleiben.« So war es beschlossen.

Es ließ sich nicht verheimlichen. Es stand in der Zeitung, eine kleine Notiz über den »tragischen Verkehrsunfall«. Und am nächsten Tag auf der letzten Seite eine große Anzeige: »Wir trauern um Manfred.« Seine Motorradfreunde hatten sie veröffentlicht.

Bei der Beerdigung, an einem hellen Vormittag, waren sie alle auf dem Friedhof: etwa fünfzig junge Männer, ein paar Frauen, junge Mädchen in schwarzer Motorradkluft. Sie standen nahe am Grab, versammelt um die Familie, anteilnehmend, viele weinten. Manfred ist tot. Ein öffentliches Ereignis.

Viel später sprach ich mit der Mutter. »Ja, es war gut so, wie es war. Es war so tröstlich, nicht allein zu sein mit dem Kummer. Sie haben ihn geliebt, wie wir. Immer wieder sind frische Blumen auf seinem Grab, auch viele Wochen später noch. Sie haben ihn nicht vergessen. Er fehlt auch ihnen. Das hätte ich nicht gedacht.«

Beides ist heilsam: den Bereich des Privaten zu erleben und zu sichern und sich zu öffnen...

Wie hätte Manfreds Mutter diese Solidarität junger Menschen anders erfahren können? Solidarisch sein heißt sich verbunden fühlen, zusammenhalten, für einander einstehen.

Sterben und Tod sind das Persönlichste, Intimste in unserem Leben und zugleich das, was uns mit allen Menschen verbindet: das Allgemeine, Selbstverständliche, Unausweichliche, Offensichtliche.

Solidarisch sein mit Sterbenden und Trauernden kann unser Leben bereichern. Es heißt akzeptieren, daß wir sterblich sind.

Weiterführende Literatur

Ariès, Philippe: Geschichte des Todes. München 1982.

Böll, Heinrich: So ward Abend und Morgen. Erzählungen. Zürich 1955.

Cramer, Friedrich: Der Zeitbaum. Grundlegung einer allgemeinen Zeittheorie. Frankfurt/Main und Leipzig 1994.

McCullers, Carson: Uhr ohne Zeiger. Zürich 1974.

Dufour, Gabrielle und Alfred: Schwierige Freiheit. Gespräche mit Jeanne Hersch. Zürich 1986.

Eissler, K. R.: Der sterbende Patient. Zur Psychologie des Todes. Stuttgart 1978.

Fäßler-Weibel, Peter (Hrsg.): Wenn Kinder sterben. Freiburg/Schweiz 1992.

Franz, Marie-Louise von: Traum und Tod. Was uns die Träume Sterbender sagen. München 1984.

Inoue, Yasushi: Meine Mutter. Erzählungen. Frankfurt/Main 1989.

Kaschnitz, Marie Luise: Wohin denn ich. Aufzeichnungen. Frankfurt/Main 1984.

Lutterotti, Markus von: Menschenwürdiges Sterben. Kann sich die Gesellschaft auf das Gewissen des Arztes verlassen? Freiburg/Breisgau 1985.

Nuland, Sherwin B.: Wie wir sterben. Ein Ende in Würde? München 1994.

Richter, Horst-Eberhard: Umgang mit Angst. Hamburg 1992.

Roth, Philip: Mein Leben als Sohn. Eine wahre Geschichte. München 1992.

Tolstoj, Leo N.: Der Tod des Iwan Iljitsch. Frankfurt/Main 1985.

Weizsäcker, Carl Friedrich von: Zeit und Wissen. München 1992.

Bildquellennachweis

Abb. 1: Albrecht Dürer: Bildnis seiner Mutter, 1514, Zeichnung, Bildarchiv Preußischer Kulturbesitz

Abb. 2: Caspar David Friedrich: Das Eismeer, um 1823, Öl auf Leinwand, Kunsthalle Hamburg

Abb. 3: Marc Chagall: Die Geburt, 1910, Öl auf Leinwand, VG-Bild-Kunst, Bonn 1995

Abb. 4: Marc Chagall: Der Tote, 1908, Öl auf Leinwand, VG-Bild-Kunst, Bonn 1995

Abb. 5: Edvard Munch: Sterbezimmer, 1892, Litho, The Munch Museum, The Munch Ellingsen Group, VG-Bild-Kunst, Bonn 1995

Abb. 6: Edvard Munch: Das kranke Mädchen, 1894, Radierung, The Munch Museum, The Munch Ellingsen Group, VG-Bild-Kunst, Bonn 1995

Abb. 7: Käthe Kollwitz: Frau mit totem Kind, Radierung, VG-Bild-Kunst

Abb. 8: Ferdinand Hodler: Die kranke Valentine im Bett, mit Uhr und Rosen, Dezember 1914

Abb. 9: Ferdinand Hodler: Zur Seite gesunkener Kopf der Sterbenden, Januar 1915

Abb. 10: Ferdinand Hodler: Sonnenuntergang am Genfer See, Januar 1915

Abb. 11: Ferdinand Hodler: Die tote Valentine Gode'-Darel, Januar 1915

Abb. 12: Arnulf Rainer: Totenmaske 1978, Photoübermalung, Atelier Arnulf Rainer

Abb. 13: Paul Klee: Friedhof, 1939, 693 (KK 13), Kleisterfarben auf Packpapier, Kunstmuseum Bern, Paul-Klee-Stiftung Bern, Inv.Nr. F 132, VG-Bild-Kunst, Bonn 1995

Abb. 14: Max Beckmann: Der Stürzende, 1950, Öl auf Leinwand, VG-Bild-Kunst, Bonn 1995

Abb. 15: Maria Uhden: ohne Titel, 1918, Holzschnitt